D1503097

DANS
L'ŒIL DU
CYCLONE

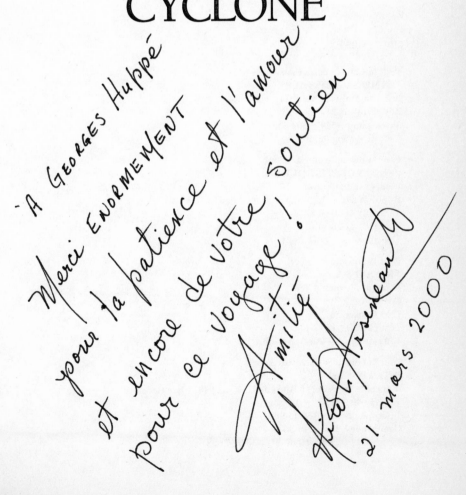

À Georges Huppé

Merci énormément
pour la patience et l'amour
et encore de votre soutien
pour ce voyage !

Amitié-

[signature]

21 mars 2000

Infographie: Johanne Lemay

Photos des auteurs
Rose Mary Gadler *par John Reeves*
Gigi Harvey *par Christian Hébert*
Denise Leduc *par Ronald Lacroix*
Autres auteurs *par Benoît Beaudet*

DISTRIBUTEURS EXCLUSIFS:

- Pour le Canada et les États-Unis:
  LES MESSAGERIES ADP*
  955, rue Amherst, Montréal H2L 3K4
  Tél.: (514) 523-1182
  Télécopieur: (514) 939-0406
  * Filiale de Sogides ltée

- Pour la Belgique et le Luxembourg:
  PRESSES DE BELGIQUE S.A.
  Boulevard de l'Europe 117
  B-1301 Wavre
  Tél.: (10) 41-59-66
      (10) 41-78-50
  Télécopieur: (10) 41-20-24

- Pour la Suisse:
  TRANSAT S.A.
  Route des Jeunes, 4 Ter
  C.P. 125
  1211 Genève 26
  Tél.: (41-22) 342-77-40
  Télécopieur: (41-22) 343-46-46

- Pour la France et les autres pays:
  INTER FORUM
  Immeuble Paryseine, 3 Allée de la Seine, 94854 Ivry Cedex
  Tél.: (1) 49-59-11-89/91
  Télécopieur: (1) 49-59-11-96
  Commandes: Tél.: (16) 38-32-71-00
              Télécopieur: (16) 38-32-71-28

DANS L'ŒIL DU CYCLONE

*Dix personnes éprouvées
par le cancer témoignent*

Nicole Arseneault • Marcel Aubuchon

Rose Mary Gadler • Jacqueline Gauthier

Gigi Harvey • Charlotte Lamothe-Dubé

Gilles Langlois • Denise Leduc

Céline Lenoir • Huguette Trudel-Tardif

le jour,
éditeur

Données de catalogage avant publication (Canada)

Vedette principale au titre:

Dans l'œil du cyclone:
dix personnes éprouvées par le cancer témoignent

1. Cancéreux - Québec (Province) - Biographies.
I. Arseneault, Nicole.

RC265.5.D36   1995   362.1'96994'00922   C95-940602-6

© 1995, Le Jour,
une division du groupe Sogides

Dépôt légal: 2e trimestre 1995
Bibliothèque nationale du Québec

ISBN 2-8904-4563-1

En ouvrant ce recueil, vous accédez à notre cœur.
Chaque page que vous tournez est une partie
de nous qui se révèle avec sincérité
et authenticité.

DANS L'ŒIL DU CYCLONE

Bourrasque sans accalmie
Chavirant corps et esprit,
Tornade sur mon chemin
Basculant mon destin.

Tu saccages mes projets,
Fais fuir ceux que j'aimais,
T'empares de ma santé,
Tu veux tout chambarder.

Cancer, j'en ai assez
D'être ainsi bousculée.
Tu me cernes, m'emprisonnes,
Voudrais que j'abandonne.

Toi, spirale autour de moi,
Qui étouffes ta proie,
Je tiens trop à la vie
Pour que tu me l'ôtes ainsi.

Dans les vents giratoires,
Un œil capte mon regard;
Stable dans l'ouragan,
Il me fixe calmement.

Cet œil mystérieux, unique,
Est une île pacifique;
Malgré les vents violents,
J'y trouve l'apaisement.

Dans la tourmente c'est mon phare,
Mon étoile et mon radar.
J'entrevois la plénitude,
Oui, j'en ai la certitude.

Au cœur du cyclone, l'œil en moi
Reste source de paix et de joie.
Ce que la tempête va détruire,
Patiemment, je vais le reconstruire.

Denise Leduc

En janvier 1993, Denise a la bonne idée de lancer un message à la mer: elle désire ardemment publier un livre composé de plusieurs témoignages sur le cancer. Son appel répond tellement à un besoin que le 2 février 1993, nous nous retrouvons dix à rire, à pleurer, à partager ensemble afin de vous rejoindre. Dix couleurs différentes, mais un seul arc-en-ciel...

Nous sommes tous membres de l'OMPAC (Organisation montréalaise des personnes atteintes de cancer), un groupe de soutien. Au contact des intervenantes et des membres, nos craintes, nos douleurs et nos doutes se sont allégés comme par magie... Pouvoir compter sur des personnes-ressources est d'une importance primordiale lorsqu'on veut guérir. Pour ceux qui sont atteints d'un cancer, le médecin traitant, les thérapeutes, les consultants, le ou la partenaire, la famille et les amis jouent un rôle essentiel. Les personnes éprouvées ont un urgent besoin d'être entourées de gens qui sauront les aider, les soutenir, et qui, finalement, seront prêts à contribuer à leur plan de guérison.

Nous sommes tous d'accord pour souligner l'importance d'un facteur essentiel à la guérison: le regard intérieur. Pour arriver à retrouver la santé, il faut découvrir qui on est vraiment. Tout comme nous avons dû regarder en face notre réalité physique, nous devons jeter ce même regard franc sur notre réalité profonde. Il est nécessaire de s'interroger et de chercher à identifier les attitudes qui ont contribué et qui contribuent encore à nous rendre malades. Et ce regard intérieur nous attirera invariablement, par un cheminement spirituel, dans l'œil du cyclone, là où tout est paix et sérénité, là où l'on apprécie enfin la vie...

À la suite d'une telle expérience, tout nous touche, surtout la souffrance de nos semblables. Nous ressentons alors le fort désir d'aider à calmer leurs inquiétudes. À notre tour, nous souhaitons démystifier le cancer et briser enfin l'isolement qui s'y rattache. Nous osons croire que nos prises de conscience, nos réflexions et notre vécu quotidien avec cette maladie pourront aider les personnes qui sont atteintes de cancer ainsi que leurs proches.

NICOLE ARSENEAULT

la plus jeune du groupe (trente-trois ans), est en rémission de la maladie de Hodgkin. Cependant, elle souffre de séquelles dues à la radiothérapie. Musicienne dans l'âme et bénévole auprès de personnes démunies, elle a la mer dans les veines et une bonne dose de ténacité.

MARCEL AUBUCHON

l'aîné du groupe (quatre-vingts ans), est guéri d'un cancer de l'estomac. Coordonnateur aux services d'entretien et ardent syndicaliste retraité, ce grand-père et arrière-grand-père paraît beaucoup plus jeune que son âge. Sous ce pince-sans-rire à l'œil vif toujours tiré à quatre épingles, se cache un véritable timide.

ROSE MARY GADLER

est en rémission d'un cancer du sein, mais actuellement en traitement pour un cancer de l'ovaire! Très engagée, elle est directeure de l'organisme «Sensibilisation au cancer du sein Montréal» et ex-membre du conseil d'administration de l'OMPAC pour laquelle elle demeure organisatrice de l'encan bénéfice. Elle brille par son courage; c'est la seule d'entre nous qui a adopté le macrobiotisme.

JACQUELINE GAUTHIER

est en rémission d'un cancer du rein. Cette comédienne est très fière d'être deux fois grand-mère. Ambassadrice passionnée et dynamique de notre groupe, c'est une fervente adepte de la méthode du Dr Catherine Kousmine et surtout de cet enseignement individuel que sont les Dialogues avec l'ange.

GIGI HARVEY

est en rémission d'un cancer du sein. Cette artiste-peintre prône l'autoguérison. Elle est administratrice, hypnothérapeute et s'occupe également de comptabilité. C'est la star du groupe. Toujours très élégante, elle reste secrète et cherche continuellement à en apprendre davantage.

CHARLOTTE LAMOTHE-DUBÉ

est atteinte d'un cancer du sein généralisé et est présentement très souffrante. Cette belle grand-maman aux cheveux blancs, douce et très attachante, adore jouer au Scrabble. Son grand cœur fait d'elle l'amie idéale.

GILLES LANGLOIS

est en rémission d'un cancer des glandes surrénales. Conseiller en analyses financières et musicien chevronné, il est de plus membre du conseil d'administration de l'OMPAC. Très dévoué, c'est un bon diable et un bon vivant...

DENISE LEDUC

est en rémission d'un cancer du sein. Elle est chef d'équipe à la fonction publique. Initiatrice de notre projet d'écriture, elle a utilisé toutes les astuces dont elle est capable pour nous convaincre de participer à cette belle aventure. Elle a un solide sens de l'humour et détient le titre de la plus attentionnée du groupe.

CÉLINE LENOIR

dont la mère est décédée d'un cancer du côlon, est la plus proche des personnes proches. Sensible et romantique, c'est une artisane, ouvreuse dans un théâtre, qui a su partager les hauts et les bas des personnes atteintes de cancer. Nous l'admirons pour son honnêteté et sa franchise.

HUGUETTE TRUDEL-TARDIF

est en rémission d'une leucémie. Cette heureuse grand-mère est commis senior dans une caisse et possède une détermination remarquable. Pour elle, «mieux vaut en rire que d'en pleurer» et elle nous a souvent fait rire en parlant des sujets les plus graves et de ses aventures médicales époustouflantes...

Une amitié indéfectible s'est installée douillettement entre nous et nous désirons ardemment qu'au-delà des limites et des frontières, l'âme de notre groupe soit présente en tout temps et qu'elle devienne source d'énergie, d'amour et d'espoir pour chacun des lecteurs. Que par l'intermédiaire du livre, notre esprit voyage à travers le temps et l'espace, à votre rencontre.

Céline Lenoir

Journal pour ma mère

À Geneviève
et
Christine

Merci à Hélène Jolin pour ses commentaires judicieux.
Merci à Jacqueline Gauthier à qui nous devons la publication de ce livre.
Merci à Denise Leduc qui est à l'origine de ce projet.
Merci à Marina Turcotte pour son appui constant.

C e soir, la cruelle pensée de ne plus revoir ma mère m'habite tout entière. Je suis submergée par cette réalité, ce «jamais plus» dont je prends chaque jour davantage conscience. Une douleur inconnue s'insinue en moi. Jamais auparavant je n'avais été confrontée à quelque chose de semblable!

Aujourd'hui, en fin d'après-midi, j'ai trouvé parmi mes cassettes des enregistrements sur répondeur. On y entend un message laissé par maman et une partie d'une conversation entre elle et moi... Le rire de ma mère!

J'étais tellement heureuse de constater que j'avais pu conserver non seulement la voix de ma mère mais aussi son rire. Son rire de petite fille! Elle qui m'avait dit, vers la fin de sa maladie: «J'ris jamais, moi!» Il était bien évident qu'elle en avait perdu le goût et même le souvenir.

La découverte de ces précieux enregistrements me fait mal. Entendre à nouveau la voix de ma mère maintenant qu'elle n'est plus là et qu'elle ne le sera plus jamais me cause une étrange sensation de joie et de tristesse mêlées. Ce «jamais plus» me donne le vertige.

Les trois dernières semaines ont été pour moi intenses et déchirantes. J'ai l'impression d'avoir vécu à un rythme effréné les derniers jours de la vie de maman et les jours suivants, ceux passés au salon funéraire et celui des funérailles. À la fin de sa vie, une curieuse allégresse m'a transportée, comme si la vie prenait à mes yeux une valeur jusqu'alors insoupçonnée. Chaque seconde devenait pour moi précieuse et rare. Je vivais les derniers instants de la vie d'un être humain: la femme qui m'avait donné le jour. Je l'accompagnais dans son passage vers une autre vie. Ces instants étaient donc pour moi d'une importance capitale. Comme j'aurais aimé qu'ils ne soient pas faits de tant de souffrances: souffrances physiques et morales pour elle et pour nous qui l'aimions. Un terrible sentiment d'impuissance m'étreignait constamment.

Tout à l'heure, j'ai pleuré dans les bras de ma «blonde» et je crois bien que ce fut pour moi la plus grande des consolations. Sentir nos larmes se mêler. Quel sentiment de réconfort! La

compassion de Christine est le plus doux des remèdes à mon chagrin. Elle me rappelle et me fait davantage comprendre cette
phrase que maman m'a dite quelques jours avant sa mort: «Pleure
avec moi!» Même à ce moment-là, je ne suis pas parvenue à faire
sauter la barrière qui nous avait depuis longtemps séparées l'une
de l'autre, ma mère et moi. Maintenant, je comprends mieux ce
qu'elle voulait... Non, ce n'était pas une divagation de l'agonie qui
lui faisait dire cela. Personne n'est plus lucide que celui qui voit la
mort approcher. Je me trouve bien puérile aujourd'hui d'avoir
laissé mes rancunes d'enfant me séparer de ma mère. Elle qui
cherchait à se rapprocher de moi! Heureusement, je me suis
reprise quelques jours plus tard alors que maman était dans le
coma. Je sais qu'elle a senti le poids de ma tête lorsque je l'ai
appuyée sur son cœur pour en entendre les battements. Elle a
compris que j'étais enfin venue pour me rapprocher d'elle.

Je conserve ces cassettes comme un trésor, car elles retiennent à jamais le son de la voix de ma mère et le déferlement de
son rire. Un simple magnétophone peut les rendre encore presque tangibles. Dans ces circonstances, la voix humaine prend
pour moi un sens bouleversant. Mais mieux encore, j'ai enfermé
à tout jamais au fond de ma mémoire les battements de son cœur.

18 août 1992

Ce matin, j'ai pleuré après avoir lu un des plus doux et des
plus réconfortants messages d'amitié qu'on m'ait jamais écrit. Le
chagrin est loin de m'avoir quittée et la belle lettre de Lucie me
rappelle ce que je viens de vivre tandis qu'elle pensait à moi très
souvent en se promenant au bord de la mer. Cette pensée
m'émeut et me réconforte.

J'ai lu ce matin le journal que j'ai tenu il y a des années pendant
mon voyage en France. C'est bon de relire ces choses. Mon journal
me tient lieu de mémoire. Ma mère était aussi une immense part de
ma mémoire. Mieux que moi, elle se souvenait de tout, sauf de certaines étapes de sa vie qu'elle avait sans doute préféré oublier.

Écrire me devient de plus en plus indispensable. Écrire.
Conserver le souvenir. Voilà une des nombreuses raisons pour
lesquelles j'aime écrire. Écrire me deviendrait-il vital? Écrire pour
ne pas mourir, comme le chante Anne Sylvestre.

Hier, j'ai reçu la belle lettre de Michèle. Par ses bons soins, Amour et Consolation ont traversé l'océan pour venir me faire chaud au cœur.

Je reçois plein de cadeaux!

Merci maman!

Je vous aime et regrette tellement d'avoir montré si souvent un visage indifférent. Mais la vie... notre vie, on dirait qu'elle étouffait l'amour. Pourquoi?

22 février 1993

Ah! cette envie de vous donner un coup de fil, maman! Vous raconter ce qui m'est arrivé hier! Cette envie de vous parler en oubliant l'éclair d'un instant que vous n'êtes plus là! Cela m'est revenu encore ce matin. Il y a six mois que vous n'êtes plus là et j'ai encore ce réflexe, cette envie spontanée de vous parler. L'écriture, une fois de plus, vient à mon aide!

Ce matin, je me suis retirée dans ma chambre pour vous écrire et je me suis mise à chercher partout mon stylo. Je n'ai pas d'ordre, contrairement à papa qui est devenu encore plus or-donné qu'autrefois, il me semble. Sans doute a-t-il toujours été aussi méticuleux. Je le vois peut-être tout simplement mieux qu'avant. Bien sûr qu'il fait davantage attention, dans sa peur de se laisser aller. Qui songerait à le blâmer, lui qui a mis tellement d'énergie à vous soigner les dernières semaines de votre maladie et à préparer chaque repas courageusement, comme si vous alliez manger? Il savait bien que vous ne pouviez plus rien avaler, rien d'autre que cette horrible Ensure. Aujourd'hui, il s'accroche aux choses concrètes de la vie, sans doute pour échapper à l'angoisse et au chagrin. Sa maison est impeccable, pas la mienne.

Aujourd'hui, il neige sur Montréal et cette chute de neige me réconforte. La neige m'a toujours calmée. Elle vient mettre un baume sur mes blessures et me faire oublier ces mots déchirants qui hantent mon esprit... Rupture, renoncement, séparation... Christine partira dans quelques mois. J'aurais tellement aimé que cela puisse durer entre elle et moi...

Petites étoiles limpides, tombez sur Verchères, recouvrez le village de Calixa Lavallée. C'est là que nous vous avons enterrée. Dans votre coin, dans votre terre natale, votre terre... quelle curieuse façon de nommer les choses. Je n'aurais jamais cru que je ressentirais cette espèce de bonheur en retournant à Calixa-Lavallée, où j'étais allée il y a quelques années. J'y avais vu, pour la première fois, la maison où vous êtes née.

J'ignorais que ma prochaine visite aurait pour but d'apporter la lettre nous donnant la permission de vous enterrer sur le terrain appartenant à votre sœur. Ce jour-là, il m'est apparu évident que c'était là que vous deviez enfin vous reposer. Tout est alors devenu limpide dans mon esprit et dans mon cœur. Issue de ce petit village qui vous ressemblait tant, vous deviez maintenant y retourner.

Enfin, j'ai trouvé ce stylo! Évidemment, il était dans mon sac que j'avais bien rangé dans la garde-robe. J'aperçois la manche de votre robe de chambre... Le cœur me fait mal. Collée contre votre peignoir, je regarde ensuite les autres vêtements qui vous ont appartenu et que j'ai conservés. Geneviève, votre petite-fille, serait fâchée contre moi, elle qui déteste ce rituel auquel je me prête de temps en temps. Elle prétend que je me fais du mal alors que c'est ma façon à moi d'être près de vous. Pourtant, elle porte presque toujours sur elle votre petite croix...

Un jour, avec beaucoup d'autorité, Geneviève m'a ordonné de ne jamais mourir. Serait-elle magicienne? Qui sait? Moi qui ne possède aucun pouvoir secret, je n'ai rien pu empêcher pour vous. J'aurais aimé que Geneviève comprenne ce besoin que j'éprouvais, les premiers temps de mon deuil, de toucher à ce qu'il me restait de palpable de vous, de votre vie. Il me fallait absolument rassembler toutes ces choses qui vous avaient appartenu et les serrer contre moi.

Nous sommes si souvent seuls dans les moments les plus difficiles. J'ai parlé à très peu de gens de ce rituel. D'ailleurs les gens fuient quand on parle de deuil, de souffrances. Je comprends très bien cette crainte pour l'avoir maintes fois éprouvée devant les larmes de ceux qui me sont chers.

Jamais je n'avais côtoyé la mort de si près. J'avais bien vu, l'année précédente, mourir ma tante, elle aussi des suites d'un cancer. Pour la première fois, j'avais pris conscience de toutes les souffrances que peut causer cette terrible maladie, mais j'ignorais ce que c'était que de perdre sa mère. Tant qu'on n'a pas ressenti une telle douleur dans ses viscères, on ne peut comprendre tout à fait. On croit comprendre, c'est tout!

Je m'aperçois que jusque-là, j'avais été insensible à tout alors que j'étais convaincue d'avoir éprouvé de la compassion envers les autres. Je ne me croyais pas indifférente mais au fond, je l'étais. La peine des autres m'incommodait et j'étais toujours pressée de les voir en finir avec leurs deuils. Étais-je bien vivante? Il me semble que je commence à peine à vivre, à ressentir vraiment les choses du dedans et à profiter de chaque seconde. Il m'arrive encore de me retrouver en face de mes vieilles peurs et de devoir me débattre pour ne pas les laisser me reprendre définitivement. Maintenant, je sais trop la valeur de la vie pour me laisser retomber dans ce vieux pli si tenace. Je veux rester vigilante et sensible à la moindre manifestation de vie.

Salut maman!

11 mars 1993

Tombez sur la ville, légers flocons de neige, recouvrez-la de votre blancheur. Quelle vision apaisante vous m'offrez! La ville vit maintenant au ralenti et ses habitants semblent marcher à pas feutrés. Je rentre chez moi, heureuse d'y retrouver tranquillité et intimité. Bien au chaud, à l'intérieur, je me sens enfin à l'abri de la cacophonie urbaine. Comme si la ville ensevelie sous ce lourd tapis était devenue muette, comme si toute chose s'était endormie. J'ai besoin de l'hiver. Je ne peux me passer de la neige.

Christine aussi aime la neige. «Tu te rends compte, il n'y en a pas deux pareils!» J'ai pensé à la vie humaine. Comme chaque flocon, chaque vie est unique et chaque vie est éphémère. Soudain, un chant que fredonnait souvent ma mère m'est monté aux lèvres. Pour elle, tout était prétexte à chanson: les événements heureux aussi bien que les moins heureux. Cet air, elle le chantait quand elle se sentait contrariée et souhaitait faire diversion en détendant l'atmosphère. Je ne fus pas dupe très longtemps de son manège: j'ai ressenti très jeune la tension qu'elle cherchait à cacher. Plus tard, nous en riions ensemble. Petite connivence qui met un brin de bonheur sur mes souvenirs davantage imprégnés de moments de divergences et de conflits. La mort qui m'a ravi ma mère a balayé quelque peu ces souvenirs amers et me fait voir aujourd'hui, avec une loupe un peu trop grossissante, ce qu'il y avait de bon et de beau dans notre relation.

Une chose est certaine, c'est qu'aujourd'hui je suis contente de me rappeler combien maman aimait chanter. En cela je lui ressemble. Geneviève a pris ce même sentier pour atteindre l'avenue qu'elle emprunte allégrement aujourd'hui. Peut-être en fera-t-elle son gagne-pain? C'est qu'elle a de la voix, la coquine! Autrement plus que nous, les batteuses de sentier...

7 avril 1993

Écrire, vous écrire. C'est ma façon de vous rejoindre maintenant. Pourquoi ce «vous» qui surprend bien des gens aujourd'hui? Je n'y faisais plus attention depuis longtemps mais depuis que vous n'êtes plus avec nous, je repense souvent à notre lien. Mes réflexions m'amènent à voir la singularité de ce vouvoiement qui m'apparaît avec d'autant plus d'acuité aujourd'hui. Rares sont les personnes de ma génération et même de la génération précédente qui vouvoient encore leurs parents, au Québec du moins. Ce «vous» n'est pas anodin. Il se dressait entre nous comme une barrière qui nous empêchait de nous rejoindre. Mais aujourd'hui, cette envie de vous parler me fait dépasser les frontières. Si je ne vous tutoie pas comme j'ai souhaité le faire à l'adolescence, c'est parce que je ne me formalise plus aujourd'hui des mêmes choses. La mort abolit non seulement l'espace et le temps, mais encore plus la distance que les mots peuvent mettre entre les êtres. «Vous», «tu»: deux mots minuscules qui aujourd'hui me semblent bien dérisoires. Est-ce que les êtres disparus se tutoient ou se vouvoient entre eux? Voilà une question bien vaine comparée à toutes les interrogations qui me viennent au sujet de la vie après la mort. Bien vaine aussi par rapport au vide que j'ai ressenti pendant les premières semaines et même les premiers mois qui ont suivi votre décès. Ce vide, s'il m'apparaît moins grand maintenant, ne m'en donne pourtant pas moins le vertige encore aujourd'hui. Le fait que notre relation n'était pas des plus réconfortantes ni des plus épanouissantes me rend cette absence d'autant plus pénible. Jamais je ne pourrai vivre avec vous ce dont je rêvais tant!

Vais-je passer ma vie à chercher cet être qui m'a manqué et qui me manque tant encore? J'ai toujours vécu et je vis encore avec cette souffrance dont j'ignore l'origine. Je me suis mise à la recherche d'une façon d'atténuer cette souffrance. Sur ce chemin, il s'est trouvé des êtres qui m'ont aidée. Lorsque la mort s'est approchée de vous en prêtant son visage à l'impitoyable maladie qu'est le cancer, j'ai ressenti le besoin d'être aidée et j'ai été soutenue. J'ai reçu de nombreux cadeaux de la vie. Il m'arrive souvent de dire: «Tiens, un autre cadeau de ma mère!» Ce projet de livre auquel nous travaillons, voilà bien le plus beau des cadeaux que vous m'ayez fait! Il me semble que vos présents se font plus fréquents et surtout plus précieux maintenant. Sans doute savez-vous mieux qu'avant ce dont j'ai besoin. J'ai le sentiment que vous me connaissez mieux aussi. Maintenant, fini les mensonges et les faux-fuyants entre nous. Je ne peux plus rien vous cacher.

Ce bonheur que procure l'amour de l'écriture, vous le connaissiez aussi et me l'avez sans doute transmis. Autrefois, je ne voyais rien de ce qui pouvait venir de vous mais aujourd'hui je suis à l'affût du moindre signe de ressemblance entre nous. J'apprécie énormément cette chance qui m'est offerte de participer à ce livre. Me permettre de faire la connaissance des gens qui se sont regroupés autour de ce projet et de plusieurs des membres de l'OMPAC, c'est un don pas banal. Depuis quelque temps, grâce à eux, j'apprends que le courage, c'est contagieux. Contrairement au cancer. Oui! J'espère que je serai contaminée par leur courage.

J'ai appris à voir en vous aussi, maman, un courage que je ne soupçonnais pas. Il y a du courage en chaque être, mais on ne le comprend souvent que quand viennent les moments difficiles. J'ai beaucoup appris des événements qui ont entouré votre maladie et la fin de votre passage sur la terre. J'apprends encore; j'apprends sans cesse au contact des autres. Je découvre lentement que seules nos relations avec d'autres êtres humains peuvent nous faire grandir. Au risque de souffrir, bien sûr! Mais quel beau risque, puisqu'il nous amène à mieux comprendre les autres. Découvrir qu'en chacun de nous existe une part de courage, n'est-ce pas la plus merveilleuse des découvertes à faire? Moi qui ai si longtemps vécu dans la peur!

8 avril 1993

J'ai toujours beaucoup écrit à la suite de déceptions, de chagrins, et surtout de peines d'amour. Un deuil ne peut se comparer à une peine d'amour, croyez-vous? J'ai pourtant l'impression de traîner avec moi une interminable peine d'amour.

Votre mort, maman, ne nous a pas éloignées l'une de l'autre, au contraire. Jamais je n'ai tant pensé à vous, jamais je ne vous ai tant parlé, ni tant écrit. Avant, quand je vous écrivais, c'était toujours bref et laconique. Quand je fouille ma mémoire pour me rappeler ce que je griffonnais dans les cartes de souhaits que je vous adressais, il me revient des clichés, des banalités. Rien de compromettant. Ne pas trop m'investir, ne rien dévoiler de mes sentiments surtout! Faire les choses parce qu'il fallait les faire, tout bonnement.

En feuilletant mes agendas, j'ai ressenti la même impression d'indifférence, le même détachement. Je n'y ai retrouvé que quelques mots indiquant le fait que j'allais souper chez vous ou que je devais vous rendre visite pour un anniversaire de naissance ou encore pour un anniversaire de mariage. J'ai rassemblé la plupart des cartes que vous m'aviez envoyées et je les ai toutes mises dans une valise où je garde vos choses. Chaque mot, chaque gentillesse prend maintenant tout son sens à mes yeux. J'y ai perçu vos messages d'affection qui, à l'époque, non seulement ne m'atteignaient pas mais m'agaçaient. Aujourd'hui, ils me bouleversent! Pourquoi, si souvent dans ma vie, n'ai-je su voir ou apprécier les êtres que lorsqu'ils n'étaient plus accessibles? Quelle absurdité! Est-ce le lot de bien d'autres êtres humains? Je me trouve pitoyable... Pourquoi ce vide immense, ce désert d'amour? Pourquoi n'ai-je jamais manifesté de vrais sentiments quand il s'agissait de vous? Ce n'est pas tout à fait vrai, quand même! Je suis sévère avec moi-même. Je me souviens d'avoir mis un jour beaucoup d'enthousiasme dans la préparation d'un repas d'anniversaire. Je me suis bien vite refroidie. Pendant ce repas... vous vous êtes mise à pleurer sans que je sache pourquoi. Vous vous êtes retirée de table et papa vous a réconfortée. Moi, je ne m'en suis pas mêlée. J'avais la gorge sèche. Je me sentais malheureuse et coupable. Coupable de n'avoir pas assez bien fait les choses. Coupable, une fois de plus, de ne pas avoir été une bonne fille.

Mon cadeau était bien petit. Je n'avais pas réussi à mériter votre amour. Malgré tous mes efforts, j'avais échoué. J'ai ressenti tellement d'amertume après cet événement que j'ai mis pas mal de temps avant d'avoir à nouveau envie d'organiser autre chose pour vous. Dire que je n'ai jamais su ce qui vous avait rendue triste. Je n'ai jamais osé en reparler. Peut-être n'y étais-je pour rien. Ma culpabilité et ma honte m'ont empêchée d'éclaircir une situation qui m'a toujours paralysée. Vous voir pleurer me terrifiait. Ah! cette colère qui m'habite, cette colère... je ne sais plus depuis quand elle m'étouffe!

4 mai 1993

Depuis l'enterrement de maman, j'ai reçu plusieurs appels téléphoniques d'une personne que j'ai surnommée «le vendeur de monuments» et ce, dès les toutes premières semaines après l'enterrement. Le moins qu'on puisse dire, c'est qu'il n'a fait preuve d'aucune délicatesse! Le choc a été brutal pour moi...

J'ai eu tellement mal. Après son premier appel, n'ayant pas les moyens d'acheter un monument, je me suis sentie totalement prise au dépourvu. Au deuxième appel, la colère l'a emporté. J'ai raccroché le téléphone au nez de ce persistant vendeur en hurlant que je ne voulais pas de monument. Je voulais avoir la paix mais, en même temps, mon refus m'arrachait le cœur. Il n'avait pas encore compris. Au troisième appel, je suis parvenue à lui dire clairement de ne plus me solliciter ni par lettre ni par téléphone. Il me semble légitime que la mémoire de maman soit honorée par un monument, mais je ne peux même pas imaginer comment je pourrais m'acquitter d'une pareille dette. Ah! ces rapaces, ils manquent peut-être de tact mais ils savent très bien comment jouer avec nos sentiments!

Même après plusieurs mois, ce vendeur ne m'avait pas oubliée: j'ai reçu une lettre publicitaire provenant de sa compagnie. Il y a neuf mois aujourd'hui que maman est décédée et il n'a pas lâché prise. Son intrusion dans ma vie et dans les précieux souvenirs que j'essaie de protéger me glace le cœur. Cette pensée qu'il ne voit dans le décès de ma mère qu'une occasion de faire des sous me met en face d'une odieuse réalité: tout, dans cette société peut devenir une affaire lucrative. Et pourquoi pas la mort? L'argent doit rouler. Les capitaux! Le profit! Pour certains, il semble n'y avoir que cela de vrai.

Je n'oublierai jamais ce jour où, après avoir quitté la chambre où j'avais serré ma mère dans mes bras pour la dernière fois, il a fallu que je me rende avec mon père à la succursale des pompes funèbres pour choisir un cercueil. Ce jour-là, je crois bien avoir vécu le plus grand traumatisme de ma vie. Devoir nous précipiter chez le marchand d'articles mortuaires le jour même quand nous n'avions même pas eu le temps de comprendre que ma mère avait cessé de vivre, voilà bien la plus terrible des agressions. Par la suite, je me disais que nos choix correspondaient à ce qu'aurait souhaité maman. J'étais convaincue que notre démarche était tout à fait conforme à ses désirs. Mais qu'en savais-je de ses désirs, moi qui ne lui avais pas parlé, qui avais fait comme si elle n'allait jamais mourir... Qu'en savais-je de ses volontés? Bien sûr, je la savais pieuse et, heureusement, sa cousine Rose-Alma, dévote elle aussi, était à son chevet dans ses derniers moments. C'est extraordinaire! Moi, je n'aurais pas fait l'affaire. Je n'aurais pas su prier comme elle aimait que les gens prient. Comme je lui suis reconnaissante, à cette Rose-Alma, d'avoir été là. J'avais dû l'entendre quand elle m'a dit, ce matin du 4 août qu'elle serait là. Je l'avais oublié. Je ne comprenais plus rien, je n'entendais plus rien non plus, que la respiration difficile de ma mère partout où je me trouvais. Cela m'obsédait!

La nuit précédant sa mort, je devais dormir à l'hôpital comme je l'avais fait la veille. Moi qui ai toujours redouté les hôpitaux! Mais mes amies, me sentant épuisée, m'avaient convaincue d'aller me reposer chez moi. Cette nuit-là, comme les nuits précédentes, l'attente fut intolérable. Après deux fausses alertes quelques jours plus tôt, le téléphone me fit sursauter une fois de plus.

Quand je décrochai le téléphone, le décès de ma mère datait d'à peine un quart d'heure. L'infirmière me demandait de me rendre à l'hôpital et de faire vite. À ce moment, j'ignorais encore que maman était décédée. J'avais l'angoisse au ventre.

À mon arrivée à la réception, j'appris la dure nouvelle. C'est l'infirmière avec qui j'avais beaucoup parlé pendant les quatre derniers jours et qui m'avait communiqué des choses fondamentales sur la phase terminale qui m'a proposé de m'accompagner jusqu'à la chambre. Me prenant délicatement par le bras, elle m'a guidée vers maman.

Maman est partie telle qu'elle avait vécu. Polie et soucieuse de ne déranger personne, elle a attendu le matin pour quitter ce monde. Curieusement, j'ai la certitude qu'elle ne serait pas partie pendant que mon père ou moi étions avec elle. C'était avec Rose-Alma qu'elle souhaitait faire ses adieux à ce monde, parce que Rose-Alma ne s'acharnait pas comme papa à la retenir. Moi, je croyais bien avoir baissé les bras depuis quelques jours, mais j'avais peut-être tort... Pourtant, c'était si terrible de la voir dépérir dans de telles souffrances. D'une journée à l'autre, je la retrouvais de plus en plus vieillie et amaigrie, comme si les journées étaient devenues des années. Le cancer la ravageait totalement. J'en étais arrivée à voir sa mort comme une véritable libération.

Si j'étais restée à son chevet cette nuit-là, je ne crois pas que les choses se seraient passées de la même façon. Un des bénévoles aux soins palliatifs m'a raconté qu'il arrivait souvent que les gens en phase terminale choisissent de mourir en l'absence de leurs proches. Je comprends maintenant qu'il disait vrai.

Je ne suis pas restée longtemps dans la chambre où reposait ma mère. Ce corps sans vie, ce n'était plus elle. Dès que je l'ai serrée dans mes bras, j'ai compris qu'elle se trouvait maintenant ailleurs. Cette froideur m'a fait mal. Mais, avant de quitter sa chambre, j'ai voulu une dernière fois caresser ses cheveux, ses bras et ses jambes. Comme pour faire mes derniers adieux à son corps qui l'avait fait tant souffrir.

Puis, tout s'est bousculé à vive allure! J'aurais tellement aimé me laisser aller à ma peine, prendre le temps de bien comprendre et de vivre intensément cette réalité qui me faisait si mal. Mais emportée dans le tourbillon des jours qui ont suivi, et bien déterminée à ne pas pleurer devant cette famille que je ne fréquentais presque plus, à part deux cousines, je me suis sentie dépossédée de mes émotions.

Un doux souvenir me revient. Je me rappelle que j'ai fait un massage à ma mère, quelques semaines avant sa mort, alors qu'elle était encore à la maison. Cette expérience était un précédent dans notre histoire, car jamais je n'avais osé poser mes mains sur elle. Qu'elle ait accepté que je le fasse avait pour moi une grande signification. Je lui avais dit que le massage, s'il ne pouvait la guérir, pouvait au moins lui apporter un certain bien-être. La voyant mal à l'aise et rigide, j'avais douté des bienfaits de ce massage. Je crois que ce sont nos cœurs qui en ont bénéficié. Je me permettais enfin d'être douce et chaleureuse avec ma mère et de lui faire savoir à quel point je souhaitais l'aider. Mon père, qui s'était tenu à l'écart, m'avait semblé très touché. Et quand j'ai eu terminé, il m'a dit avec une certaine émotion: «T'as fait une belle job, ma fille!» Malgré ce sentiment d'impuissance qui m'envahissait, j'étais habitée d'une joie indicible. Je m'étais rapprochée d'elle. Elle me l'avait enfin permis!

En s'échappant de son enveloppe charnelle, je pense que ma mère a élargi ses horizons. Elle qui était si timide, elle s'est ouverte sur le monde. Ce sentiment m'aide à vivre cette brutale séparation. Mais le jour même de sa mort, je ne ressentais que souffrance et exaspération. J'étais tellement malheureuse. J'ai simplement fait ce qu'on me demandait de faire: papiers à signer à l'hôpital, appels téléphoniques pour recevoir l'attestation du décès. Enfin, tout ce que j'ai horreur de faire, je l'ai quand même accompli. Comme si une télécommande invisible guidait mes moindres faits et gestes.

Je suis allée à la maison avec mon père. Il fallait choisir les vêtements que maman porterait au salon. Là, dans cette maison où je sentais ma mère encore présente, je n'ai malheureusement jamais pu me retrouver vraiment seule «avec» elle. J'aurais tellement eu besoin de rester dans la maison «avec maman»! Ah! pouvoir seulement regarder toutes les choses qui lui ont appartenu, toucher ses vêtements, respirer son odeur qui les imprégnait, me laisser frôler par ses ondes qui vibraient encore dans la maison. Il y avait à peine huit jours qu'elle avait quitté la maison pour l'hôpital. Auparavant, pendant presque un mois, elle était restée à la maison avec papa comme elle l'avait souhaité.

Contrariée par l'insistance de mon père pour que je l'accompagne à la banque, je lui ai dit que je percevais cette exigence comme un manque de confiance à mon égard, une façon détournée de ne pas me laisser seule à la maison. Je suis consciente que mon père a toujours éprouvé une très grande méfiance vis-à-vis de la plupart des gens. J'ai toujours été très blessée que ce sentiment se manifeste aussi à mon égard. Jamais, à ce moment, je n'avais ressenti cette méfiance avec autant d'acuité. La mort de maman me faisait faire un grand pas en me permettant de lui exprimer, le cœur battant et la gorge nouée, cette peine que je portais en moi depuis si longtemps.

Mon père et moi vivions une tension terrible et nos rapports plutôt superficiels nous gardaient éloignés l'un de l'autre. Pour la première fois depuis des années, nous nous retrouvions tout à fait seuls face à face. Il m'a tout de même dit: «Tu vois bien que j'ai besoin de toi!» J'ai cru alors qu'un miracle nous arrivait... Cet aveu qu'il venait de me faire, oubliant enfin son orgueil, représentait beaucoup pour moi. Comment avais-je pu ne rien sentir de ce qu'il vivait alors? Ma douleur était si forte qu'elle me rendait aveugle à la sienne!

J'ai compris qu'il avait eu peur que je m'enfuie, le laissant s'occuper de tout. Probablement parce que je lui avais dit quelques jours avant la mort de maman: «Le reste, tout ce qui vient après, pour moi, ça ne compte plus!» J'avais tellement peur de tout ce qu'implique la mort et particulièrement celle de ma mère. Mais j'ai compris ensuite que les arrangements funèbres, les obsèques, l'enterrement, ce n'était rien comparé à tout ce que nous venions de vivre pendant l'agonie de maman.

Il m'en a fallu du temps avant que je m'explique avec mon père!

9 mai 1993

Maman, vous m'avez fait faire de grands bonds en avant dans un très court laps de temps. J'ignorais que le lien qui nous unit était si fort! Je refusais simplement de le voir, ma relation avec vous n'étant pas ce que je souhaitais.

Avec les années, vous voir vous confiner de plus en plus dans un univers déprimant et peu ouvert sur le monde me rendait triste et amère. Pour ne pas me laisser atteindre par toutes ces choses, j'avais érigé autour de moi une façade d'indifférence. L'aviez-vous compris? Vos problèmes de santé vous faisaient perdre de plus en plus d'autonomie et j'en avais beaucoup de peine. D'abord, cette colostomie il y a une dizaine d'années, qui a eu pour résultat de vous laisser une plaie qui ne guérissait pas. J'étais tellement révoltée de voir que cette opération avait rendu votre ventre plus gonflé encore qu'avant! Non, je ne pourrai jamais m'abandonner aveuglément à cette médecine qui, si elle est parfois bénéfique, peut aussi faire bien du tort! Quand donc sera-t-elle davantage axée sur la prévention?

Plus récemment, il y a environ cinq ou six ans, sont apparus les symptômes de ce glaucome qui affectait gravement votre vue. Vous qui aimiez tant lire!

Au lieu de vous exprimer ma tristesse, je me murais derrière une fausse indifférence, croyant de cette façon m'abriter de la peine que me causait votre état de santé. Et j'en venais à ne plus voir que les choses qui nous séparaient pour ne pas souffrir de vous voir malade et de moins en moins autonome. Tout ce que je vivais alors m'empêchait de sentir la force du lien qui nous unissait.

10 mai 1993

Hier, à l'occasion de la fête des Mères, je suis allée au tam-tam sur la montagne. J'y avais rendez-vous avec Geneviève. Je ne me souviens plus si je vous ai parlé de cet événement estival que j'ai découvert l'été dernier alors que vous étiez si malade. Je suis consternée de constater qu'il y a déjà un an que vous êtes partie. Est-il possible que le temps ait passé si vite? Comment la vie peut-elle continuer sa course effrénée alors que vous n'êtes plus de ce monde?

Nous avez-vous vues hier, Geneviève et moi, au pied de la montagne, participer à ce grand rassemblement qu'est le tam-tam? Depuis quelques années, les gens y viennent chaque dimanche après-midi prendre un bain de foule et de soleil. Geneviève et moi nous sommes laissées emporter par le rythme invitant des percussions et nous nous sommes mêlées aux danseurs et aux musiciens. Nos cœurs cognaient à l'unisson et nous étions heureuses!

Vous rappelez-vous combien, toute petite, j'avais peur au défilé de la Saint-Jean? Je pleurais dans les bras de papa en entendant résonner les grosses caisses. Entre deux sanglots, je lui disais: «Ça résonne dans mon ventre!» Aujourd'hui, j'adore les percussions. Il faut bien dire que celles-là sont beaucoup plus discrètes et harmonieuses. Il y avait à la montagne, ce dimanche de la fête des Mères, plus de monde encore que l'été dernier. On a du mal à circuler au milieu de tous ces vendeurs de vêtements et de bijoux qui y installent leurs pénates. J'ai toujours le même engouement pour les bijoux et les beaux vêtements; mais ceux qu'ils vendent ressemblent un peu trop à ce que je portais dans les années soixante-dix. Geneviève, elle, les adore et me reproche de ne pas avoir conservé mes robes de l'époque pour elle. Si on m'avait dit qu'elle porterait un jour la même chose que moi, je ne l'aurais pas cru. Je découvre que la vie est un recommencement perpétuel. Cela m'étonne toujours! Aujourd'hui, je suis consternée de constater que je commence à pouvoir compter les années par tranches de vingt. Vous avez dû vivre ce même effarement à différentes étapes de votre vie.

Je me rappelle vous avoir bien étonnée en vous disant que Geneviève portait à son tour la jupe de votre costume de voyage de noces que j'avais bêtement raccourcie à la fin des années soixante. Je portais mes jupes aussi courtes que celles de Geneviève. J'aime imaginer que, là où vous êtes, tout vous fait sourire, vous qui, autrefois, vous scandalisiez si facilement. J'avoue qu'il m'arrive à moi aussi d'être parfois mal à l'aise devant l'audace des tenues de Geneviève. Mais depuis quelque temps, elle me semble plus discrète, tout en restant très sensuelle.

Dernièrement, elle m'a remis votre jupe de voyage de noces devenue impossible à porter en me disant: «Je savais que tu tenais à la reprendre.» Comme elle me connaît bien!

Ma fille est d'ailleurs, avec Christine, une des seules personnes à me connaître aussi bien. Après un de nos petits différends, je me suis mise à réfléchir sur la jeune femme qu'elle est devenue, à la fois tranchante et affectueuse, douce et intransigeante, mais franche surtout. C'est ainsi que je l'ai voulue, au fond. À moi d'en assumer les conséquences. J'ai appris à mes dépens que derrière les faux-fuyants et les entourloupettes se cache toujours le mensonge. C'est tellement brutal de se réveiller des années plus tard avec une vérité qui vous frappe de plein front alors qu'on s'était laissé endormir tout ce temps par de belles paroles mensongères.

Vous rappelez-vous, maman, ce jour où vous m'avez dit que je vous faisais du bien en vous parlant franchement? Saviez-vous que j'avais eu peur de vous avoir brusquée par mes commentaires très directs? J'étais à la fois surprise et heureuse de savoir que vous aimiez entendre la vérité. Cette vérité, nous nous l'étions cachée si longtemps. Mais les derniers temps, quelque chose commençait à vouloir changer entre nous. Je n'ai hélas! pas su saisir la perche que vous me tendiez; l'habitude de se protéger en se mentant était trop bien installée entre nous pour que la brèche qui semblait faire un peu de lumière suffise à nous rapprocher. Jusqu'où aurais-je pu aller?

J'étais très irritée par la profonde intolérance que vous sembliez opposer aux autres. Elle me blessait, car j'avais compris qu'elle ne m'épargnerait pas. Aujourd'hui, quand je me rappelle notre dernière friction, mon cœur me fait mal. Dire qu'à cette époque, la mort n'était pas très loin et que je l'ignorais ou plutôt, je refusais de la voir!

Je n'ai jamais su vraiment si vous aviez perçu mon attirance envers les femmes. Aujourd'hui, je suis certaine que vous savez tout de moi et je sens bien que vous ne me retirez pas votre amour.

12 mai 1993

Moi qui vous ai toujours crue si fragile! Il me semble que cette vulnérabilité a fondu comme neige au soleil au cours de vos derniers jours sur terre. Devant la souffrance et l'approche de la mort, vous avez été grande comme jamais. Quelque chose de fondamental s'est produit, je crois. Tout semble basculer quand on franchit cette étape du non-retour. J'ai eu le même sentiment, au chevet d'une de nos connaissances en phase terminale. Je la sentais tellement près de ses émotions, enfin délivrée de sa structure mentale si rigide qui mettait une si grande distance entre elle et moi. Ce rapprochement que je souhaitais tant entre nous, maman, ne s'est produit que très tard. Était-il trop tard? Un sentiment profond et inexplicable me rassure à ce sujet et me porte à espérer. Je sais que même plongée dans le coma vous m'avez comprise lorsque j'ai penché ma tête sur votre cœur. Je voulais vous exprimer tout le prix que j'attachais à votre chère vie.

Vivre un deuil n'est pas chose facile, encore moins quand il s'agit de votre décès, maman. Grâce à ce projet d'écriture, j'ai échappé à la tentation que représente la fuite. Sans doute qu'autrement, j'aurais cherché à m'évader en essayant de m'étourdir. Le chagrin m'aurait bien rattrapée un jour ou l'autre. J'ai donc choisi d'aller au bout de mes émotions.

14 mai 1993

Ce soir, j'ai eu un pincement au cœur. Mon père m'a appris qu'il est à l'hôpital. Il a été blessé au visage après avoir été bousculé par deux jeunes gars qui couraient. Ils ne se sont même pas arrêtés pour l'aider à se relever! Ces deux marathoniens devaient sans doute avoir de bonnes raisons pour courir de la sorte! Je suis renversée de voir que personne n'est venu porter secours à mon père. Quel monde!

15 mai 1993

Très tôt ce matin, papa m'a téléphoné pour m'annoncer qu'il était de retour à la maison. J'étais heureuse et soulagée d'apprendre qu'il n'avait rien de grave. J'ai eu peur de perdre mon père. Je suis bien consciente que cela arrivera tôt ou tard et cette réalité me fait mal. Les récents événements m'ont appris à le connaître et à l'apprécier davantage. Il m'a touché par sa persévérance à prendre soin de maman et à la garder à la maison comme elle le souhaitait. J'ai compris que le proverbe qui disait que la foi peut soulever des montagnes allait bien au-delà du cliché. Mon père m'a dit un jour où je lui exprimais mon admiration pour son courage: «C'est l'amour, faut croire!» Si peu de choses semblaient nous rapprocher jusqu'à maintenant, je comprends maintenant qu'il y en a au moins une! L'amour. Quel bonheur de constater que nous sommes, mon père et moi, beaucoup moins étrangers que je ne le croyais.

Mon père, cet homme à la fois tendre et bourru, a toujours été fasciné par les êtres au destin particulier. Parmi ceux-là, Gandhi et le grand Charlot. Il m'a souvent parlé avec beaucoup d'enthousiasme de ses modèles. J'aimerais tellement qu'il sache qu'il m'arrive souvent de me sentir tout attendrie quand je pense à lui et que chaque fois que je regarde un film de Charlot, je ne peux faire autrement que d'avoir une pensée pour lui... Je sais bien que depuis qu'il vit sans sa Gertrude, il n'y a plus que les mimiques de Charlot ou les pensées de Gandhi qui parviennent à l'émouvoir vraiment. Rien d'autre, rien, sinon le chant de sa petite-fille.

16 mai 1993

Aujourd'hui, papa m'a raconté au téléphone que lorsqu'il s'est relevé de sa chute au centre commercial, il s'est empressé de faire une «steppette» pour rassurer les gens qui se trouvaient près de lui! Mais cela ne l'a pas empêché de se rendre tout de suite à l'hôpital. Au bout du fil, j'ai compris deux choses: les gens sont peut-être moins indifférents que je ne le croyais et papa est très fier. Mais cela, je le savais déjà!

20 mai 1993

J'aimerais pouvoir créer des mots à la hauteur des émotions qui me viennent quand je pense à vous, maman, et plus particulièrement quand je pense au jour de notre dernier échange. Comme je fus bouleversée, ce jour-là, en vous sentant devenir un peu mon enfant!

La veille de votre transfert à l'unité des soins palliatifs, vous gémissiez en me disant que vous aviez faim. À l'heure du repas, quelqu'un vous a apporté un plateau contenant la même chose que celui des autres patients. Quelle aberration! Vous qui ne mangiez plus d'aliments solides depuis plusieurs semaines et qui n'avaliez plus rien depuis votre arrivée à l'hôpital!

Les infirmières qui devaient s'occuper de votre section semblaient débordées et très tendues. Je me souviens de l'une d'elles qui était particulièrement exaspérée en entrant dans la chambre. J'avais sonné pour l'appeler. Cela ne lui avait pas plu, c'était évident. Je n'oublierai pas non plus, maman, la brusquerie des deux infirmières qui vous ont soulevée, après avoir remonté vos oreillers. Quand je leur ai demandé de l'Ensure, j'ai eu l'impression d'avoir exprimé un caprice d'enfant gâté. Comme elles ne revenaient pas, j'ai cru qu'elles avaient oublié ma demande. C'est Christine qui est allée en chercher à la réception. Quand l'infirmière est revenue, elle a constaté que nous avions de l'Ensure. Énervée, elle nous a lancé avant de quitter la chambre: «J'ai pas l'temps!»

J'étais affolée de constater que le personnel semblait avoir si peu de temps à vous accorder alors que vous souffriez tellement. C'était si humiliant et si blessant de voir que vous étiez traitée comme un meuble encombrant! Parmi tous ces étrangers, il n'y avait que votre gentille voisine de chambre qui semblait avoir de la compassion pour vous. Jamais je n'aurais pensé qu'un jour, mon plus cher souhait serait de vous voir couchée dans un des lits du département des soins palliatifs!

Comme vous n'aviez plus aucune force ni pour vous asseoir ni pour utiliser une paille, je vous ai donné de l'eau à l'aide d'un compte-gouttes. J'ai pensé ensuite y mettre de l'Ensure. À peine y aviez-vous goûté que vous aviez déjà fini de manger. Vous sembliez aussi contente que si vous aviez pris un véritable repas. Je sentais bien que c'était votre dernier. Comme j'avais le cœur gros! Je comprends aujourd'hui que vous vouliez, une dernière fois, retrouver la sensation agréable que procure le plaisir de goûter, vous qui aimiez tant manger!

Il n'est pas anodin, maman, que pour cette ultime fois, ce soit moi qui vous aie nourrie. Comment aurais-je pu ne pas faire pour vous, qui avez été la première personne à me nourrir, ce geste si concret? Comme le massage, ce geste nous a rapprochées physiquement avant l'ultime et définitive séparation. Je ne connais rien de plus charnel que ce lien qui unit la mère à son enfant. À mon tour, j'étais devenue votre mère nourricière. Quel vide incroyable aurais-je ressenti si je n'avais pas vécu cette étape? Un manque qui m'aurait laissée plus démunie que l'enfant qu'on sépare de sa mère sans qu'elle l'ait d'abord serrée dans ses bras. Tout a été dit entre nous sans le secours d'aucune parole. La joie m'envahit à la pensée que nous nous sommes rapprochées l'une de l'autre, doucement, sans y penser.

Heureusement, il y eut une éclaircie à travers ce brouillard déshumanisant! Je me rappelle un médecin au regard chaleureux et attentif qui vint nous trouver et nous parler avec délicatesse de votre prochain transfert à l'unité des soins palliatifs. Nous n'attendions que cela. Il fallait absolument vous sortir de ce lieu «inhospitalier». Votre transfert s'effectua l'après-midi même. Papa était attendrissant quand il vous disait à propos du médecin: «Regarde, c'est le bon docteur qui ressemble au père Noël!»

Maman, grâce à l'écriture, j'ai pu prendre conscience de toute la portée des actes d'amour réalisés au cours de vos derniers jours. Maintenant je sais que vous aviez besoin de devenir mon enfant pour traverser cette difficile étape qu'est le passage de la vie à la mort. Vous ne vous étiez jamais remise de la mort de votre mère. D'ailleurs, vous la réclamiez souvent lorsque je me trouvais à votre chevet! Quel choc vous avez eu lorsque je vous ai expliqué que votre mère était morte depuis plusieurs années déjà! Je fus d'abord blessée de voir que vous me confondiez avec elle. J'éprouvais le sentiment d'être mise de côté. Ce que je prenais pour du rejet me ramenait à certains moments pénibles de mon enfance.

Après avoir discuté avec un bénévole de l'hôpital, j'ai appris que plusieurs personnes en phase terminale réclament constamment leur mère. Je suis devenue plus sereine. Quelle aide précieuse! J'ai aussi appris d'une infirmière haïtienne que les personnes dans le coma peuvent être conscientes de notre présence. Trop de gens ignorent ces choses. Malheureusement, certains ne veulent même pas les entendre. Je suis convaincue qu'il aurait été bien inutile de me décarcasser à expliquer ces réalités à certaines des personnes bien intentionnées qui sont venues à votre chevet. Au moment où vous étiez dans le coma, plusieurs de vos visiteurs ont continué à jacasser comme si vous n'y étiez pas. J'ai senti un manque de respect flagrant à votre égard, mais je préférerais associer cela à de l'inconscience. Je garde un souvenir très amer de ces moments. Comment peut-on avoir une vision aussi limitée sur cette ultime étape de la vie? Si seulement on prenait le temps de réfléchir à notre comportement vis-à-vis des personnes mourantes, bien des bêtises seraient évitées. Comme il serait heureux et bénéfique que chacun des instants précédant l'adieu soit imprégné de respect et d'amour! Il me semble que cela devrait aller de soi! Je l'aurais tant souhaité pour vous, maman!

21 mai 1993

La mort de maman me permet de me transformer et d'évoluer. Jamais je n'aurais eu une telle vision des choses avant que se produise ce grand bouleversement dans ma vie. La souffrance amène toujours avec elle de grandes remises en question. Écrire me permet de faire le tri dans mes émotions qui, souvent, forment un nœud inextricable et douloureux. Grâce à cette expérience d'écriture, je peux mieux comprendre le sens de tout ce que j'ai vécu pendant ces événements aussi intenses que déterminants. J'ai tant refoulé mes larmes au cours des jours qui ont suivi la mort de maman. Je me suis totalement anesthésiée pour trouver la force de «bien faire les choses».

Je sais bien que pleurer ne va pas à l'encontre de la force, bien au contraire, mais pour pouvoir se laisser aller, il faut se sentir en confiance. Je ne voulais absolument pas m'abandonner devant les membres de la famille de maman. Je peux enfin m'abandonner avec mes amis du groupe d'écriture. Que c'est bon de se raconter et de ne plus retenir ses larmes lorsqu'elles montent!

22 mai 1993

Un autre très beau souvenir vient me confirmer que malgré le désarroi causé par le départ de maman, l'essentiel a été vécu.

Geneviève, malgré ses indécisions et ses craintes bien légitimes, avait finalement choisi de venir à l'hôpital pour faire ses adieux à sa grand-mère. Elle redoutait énormément ce moment, mais dès que sa décision a été prise, elle a été tout à fait égale à elle-même. Elle m'a impressionnée par son courage. Geneviève a été la première, sinon la seule, à avoir la lucidité de dire à maman qu'elle pouvait partir tranquille. Elle a ajouté: «Tu es une femme extraordinaire, grand-maman!», sûrement frappée de constater, elle aussi, tout le courage dont ma mère était capable.

Durant la maladie de maman, le langage parlé ne fut pas mon principal moyen d'échange avec elle. J'étais parfois incapable de prononcer une seule parole tellement l'émotion m'étreignait. Il m'est arrivé de passer un après-midi entier à écouter avec elle de la musique douce et apaisante. Les seuls mots que j'ai échangés avec ma mère au cours des derniers jours ont servi à lui exprimer que rien d'autre que nous deux ne comptait. Le départ des nombreux visiteurs, supposément bien intentionnés mais souvent si indélicats, nous permettait de vivre de trop rares moments d'intimité. J'en profitais pour tenir sa main ou poser mes mains sur ses pieds pour les réchauffer. Dire que je n'avais presque jamais touché ma mère sauf pour la coiffer! D'où nous venait donc cette peur de nous toucher?

23 mai 1993

«L'écriture vient d'une douleur... et la soulage rarement[1].» La part de bonheur et l'apaisement que je ressens, je les dois en grande partie aux réactions et aux paroles d'encouragement que m'ont prodiguées les gens à qui j'ai lu mes textes. Si, à mon tour, je peux apporter ne serait-ce qu'un peu de réconfort à ceux qui liront ce journal, je me sentirai encore plus heureuse.

J'ai toujours été très bien accueillie et comprise par l'ensemble des gens qui fréquentent l'OMPAC, que ce soit des personnes atteintes de cancer ou des proches. Je suis pleine de reconnaissance envers eux et envers vous, maman, à qui je dois ces réconfortantes rencontres. Cette possibilité qui m'a été offerte de parler de vous aux autres et de vous garder vivante dans mon cœur est le plus beau cadeau que vous m'ayez offert!

24 mai 1993

Plus personne ne me demandera avec cette même tendresse dans la voix et cette inquiétude si mal contenue: «Comment va Geneviève?» Autrefois, cette question derrière laquelle je percevais tant d'anxiété m'irritait plus qu'autre chose. Votre inquiétude était constante, maman, et elle l'est demeurée jusqu'à vos tout derniers jours. Aujourd'hui, c'est davantage la tendresse que vous exprimiez pour Geneviève à travers cette question qui émerge de mes souvenirs. Rien ne me touche autant que ces mots que vous prononciez si doucement!

Depuis, j'ai compris que nous étions sur la même petite île, toutes les trois: vous, Geneviève et moi. Après votre départ, j'ai d'abord cru tout de suite que nous n'étions plus que deux sur cette île mais j'ai vite senti la force du lien mère-fille qui subsiste bien au-delà de la mort. Quelle joie de savoir que notre île est toujours habitée par vous! Vous ne nous avez pas abandonnées, au contraire! Je sens mieux qu'avant votre amour. Les souffrances physique et morale, en vous quittant, vous ont libérée de l'inquiétude qui vous étreignait sans cesse et vous empêchait d'être heureuse.

---

1. Michel Tremblay, Agenda littéraire du Québec 1989, Guérin littéraire.

Depuis, je m'interroge sur tant de choses. Cette sérénité que nous recherchons tous, peut-elle être atteinte dans notre vie présente? Est-il possible de vivre heureux avec le stress et l'angoisse? J'aurais tellement voulu que toute cette anxiété ne vous atteigne pas. Comme j'étais exigeante!

La douleur physique qui vous enlevait toute envie de vivre, comme je l'ai haïe! Maintenant qu'elle vous a quittée et que vous avez trouvé le repos, je sens que vous êtes devenue amour et plénitude. La souffrance a fait place à un amour serein et inconditionnel! En fermant les yeux pour vous fredonner une chanson que j'aime, je me rappelle l'époque où vous chantiez pour moi. Que mon chant vous berce, maman! Reposez-vous enfin sans crainte et sans inquiétude!

... Dors ma douce
Dors ma belle
Les arbres poussent
La terre est vieille
La vie parfois a tellement froid
Dors ma grande
Dors ma tendre
Le soleil meurt
Dans chaque fleur
La vie parfois
S'enfuit de soi

Reste reste le temps est un fil
Viens ma fragile
Ma sœur d'argile
Nous sommes des anges en exil[2].

---

2. *Un ange en exil*, tiré de l'enregistrement *Une femme une planète* de Marie-Claire Séguin, texte de Hélène Pedneault.

Jacqueline Gauthier

La tuile!

Remerciements pour leur patience et leur aide précieuse à ma fille Marie-France Lamoureux, à mon frère Paul Gauthier ainsi qu'à Mmes Claude Montpetit, Hélène Jolin et Marina Turcotte.

Par un bel après-midi de février 1988, dans un «cubicule» d'hôpital, j'attends anxieusement le retour de l'urologue qui visionne l'échographie de mes reins...

Dans ma tête, les pensées se bousculent. Hier, pendant l'échographie, la technicienne est soudainement devenue très silencieuse. Pourquoi? Je tente de me rassurer. Si j'ai uriné du sang durant quatre jours, c'est parce que je tiens de mon père qui avait deux reins gauches... Ou bien j'ai de foutues pierres... J'ai dû passer du sable. Bon sang! Ils peuvent broyer les pierres au laser maintenant.

Depuis une demi-heure des idées noires trottent dans ma tête. Je frissonne. L'oreille aux aguets, j'entends chuchoter... Une voix de femme, probablement celle de la résidente. Je n'arrive pas à comprendre ce qu'ils disent. Puis, ils entrent dans ma cellule. Le chirurgien palpe mon rein gauche encore une fois, rapproche son banc de ma civière et se penche vers moi. Nous sommes vraiment entre «quatre-z-yeux». Il a de beaux grands yeux verts et pourrait être mon fils. Qu'est-ce que ces yeux vont m'apprendre?

— C'est une tumeur, madame.

— Est-ce que c'est malin ou bénin?

— Quatre-vingt-seize pour cent des tumeurs rénales sont malignes.

— Y a-t-il encore possibilité de sauver mon rein?

— Rendu là, ma p'tite madame, on ne se demande plus si on peut sauver le rein mais si on peut sauver le reste!!!

C'est fait. Je comprends. J'ai un cancer du rein. *Je peux mourir n'importe quand!* La résidente semble mal à l'aise; elle détourne les yeux et s'affaire sur mon dossier. Le chirurgien ne bouge pas. Ils attendent visiblement ma réaction. Les larmes me montent aux yeux:

— C'est quand même mieux que ça m'arrive à cinquante ans que lorsque mes enfants étaient jeunes... Promettez-moi de tout me dire... surtout si mes jours sont comptés.

Le chirurgien promet. Dans ma tête: *cancer = mort à plus ou moins brève échéance.*

Je sors de là, fière d'avoir retenu mes larmes. Je n'en peux plus. Je cours aux toilettes les plus proches et je braille un bon coup. Je me mouche tout en me regardant dans le miroir. Rien ne paraît. J'ai perdu une dizaine de kilos, mes yeux sont cernés et je fais de la fièvre, mais je n'ai quand même pas l'air d'une mourante! J'oublie qu'il y a quelques semaines, en une nuit, tous mes muscles ont «fondu», laissant mes cuisses et mes bras plissés comme si j'avais quatre-vingts ans. Et mes mains, mes mains squelettiques que je ne reconnais plus. J'ai la bizarre impression d'être une autre personne...

Je sors de l'hôpital une chape de plomb sur le cœur et un nuage noir autour de la tête. Je conduis ma voiture comme une automate et me retrouve là où je travaille, chez Lise. Je lui tombe littéralement dans les bras en pleurant.

J'ai un cancer, maudit, je vais mourir.

De gros sanglots sortent enfin de ma gorge et me soulagent... Comment apprendre la nouvelle à mes cinq enfants? À mon vieux père malade? À mes deux frères, dont l'un a déjà fait un infarctus? À mon unique sœur qui vit en Europe? À mes amis? Et surtout à mon aînée, enceinte de cinq mois, qui vit à Vancouver? Je ne serai donc jamais grand-mère? Je ne connaîtrai jamais les enfants de mes enfants? Et voilà que je «repleure» de plus belle! Je téléphone d'abord à mes deux frères. Leurs épouses qui me répondent sont sidérées. Je vois que je crée tout un choc! Puis, je m'enhardis et je crâne:

— Tu sais quoi? J'ai un cancer au rein gauche. On veut m'opérer pour m'enlever le rein et le tirer dans la poubelle plutôt que de tirer toute la bonne femme aux poubelles!

Et je ris... Il faut que je me montre forte dans l'adversité, afin d'être à la hauteur de l'idée que je souhaite qu'on se fasse de moi... Marcelyne me prévient:

— Ne va surtout pas apprendre la nouvelle à ta sœur de cette façon-là!

Bof! Je téléphone à mon amie Lorraine sans tenir compte de cet avertissement. Tout ce que j'entends au bout du fil, c'est un son bizarre: YOUouou... Bernard s'empare du récepteur:

— Veux-tu bien me dire ce que tu lui as dit? Elle vient de perdre connaissance!

— J'ai un cancer du rein. Prends vite soin d'elle et rappelle-moi.

La main sur mon appareil, j'attends, inquiète et remplie de regrets, en pensant que je n'ai pas beaucoup réfléchi: Lorraine a

46

déjà subi deux chutes de pression! Si elle mourait en raison de ma stupidité? Une heure plus tard, une voix faible me rappelle:

— J'arrive pas à le croire! De toutes mes amies, toi, un cancer... Pas toi! Pas toi!

— Je m'excuse de t'avoir appris la nouvelle si brutalement. Ça me fait tellement de bien d'entendre ta voix. Je jure que je vais prendre plus de précautions à l'avenir...

C'est donc avec des gants blancs que je reprends le téléphone. Ma sœur est bouleversée. Comme je sens qu'elle souhaiterait être près de moi! En parlant à Marie-France, qui est enceinte, j'évite le mot «cancer». Je serai *peut-être* opérée à un rein...

Plusieurs mouchoirs plus tard, je quitte Lise et rentre à la maison. Mes deux filles qui habitent encore avec moi voient tout de suite que j'ai l'air effondré. Je leur révèle le terrible diagnostic. Elles cherchent toutes les deux à me consoler, à me rassurer. Elles me disent que tout ira bien, que je suis trop jeune pour mourir. Je les trouve bien naïves et préfère garder ma chape de plomb et mon nuage noir!

Ce soir-là, je ne dors presque pas. Je pleure un peu. Je me sens impuissante face à ce qui m'arrive. Je planifie. Cela me donne l'illusion d'avoir encore une certaine emprise sur ma vie... Si je dois mourir bientôt, j'aimerais passer une semaine sur une plage paradisiaque avec mes cinq enfants, à rire et à flotter dans leur tendresse et leur chaleur. Je m'endors finalement aux petites heures du matin et pars travailler à neuf heures pour ne pas rester seule avec ma détresse, pour faire quelque chose avant de mourir...

En fin d'après-midi, ce jour-là, mes amis Bernadette et Michel viennent me chercher à l'improviste pour souper dans un petit restaurant vietnamien. Je me laisse entraîner comme un zombie... Je me souviens bien peu de ce qui s'est passé durant ces trois heures au restaurant. J'entends encore Michel me demander:

— Jacqueline, as-tu peur de la mort?

Je prends mon temps pour lui répondre le plus franchement possible:

— Non, pas vraiment, mais j'ai terriblement peur de souffrir...

Intérieurement, il me semble que ma vie n'est pas terminée... Comme un écho, chaque fois que je parle, Bernadette renchérit:

— C'est bien normal!

Michel m'explique le plus sérieusement du monde qu'il y a deux Jacqueline en moi: une faible et une forte. Il me convainc que c'est la forte qui se fera opérer et que c'est la forte qui va s'en sortir. J'étais déprimée, désespérée, maintenant je me sens légère et rassurée. Est-ce «la grâce» qui m'a touchée? En tout cas, j'ai été retournée comme une crêpe. La forte veut vivre et elle vivra!

Chez moi, tout est à l'inverse de la veille. De pessimiste je suis devenue optimiste et c'est moi qui console mes filles à présent! Elles ont appris que je n'ai pas beaucoup de chances de survivre... Mais moi, ce soir, je me sens très confiante et je dors comme un bébé.

* * *

— Ma chère Jacqueline, c'est à ton tour de te laisser parler d'amour...

À la maison, Marie-Gabrielle, Ève-Line et Marie-Andrée célèbrent mon anniversaire. Yves et Marie-France me téléphonent de Baie-Comeau et de Vancouver respectivement. Puis je reçois le plus beau cadeau d'anniversaire de ma vie. Se demandant ce qui me ferait le plus plaisir, Marcelyne a une idée géniale: elle offre un billet d'avion à Marie-France pour qu'elle vienne me rejoindre. Je pleure de joie. Merci! Je téléphone aussitôt à Vancouver pour savoir si ce rêve peut se concrétiser. C'est oui. Oh! merci encore!

Marie-France viendra passer une dizaine de jours chez moi. Je flotte. Je savais que mes enfants, ma famille et mes amis tenaient à moi, mais je ne savais pas qu'ils m'aimaient à ce point-là! Cela fait vraiment chaud au cœur!

* * *

Mon chirurgien m'a prévenue:
— C'est urgent! Vous devez être hospitalisée demain et passer quatre tests qui doivent tous être négatifs sans quoi je ne peux procéder à l'opération.

Le lendemain, pas d'appel. Mon chirurgien est déçu. Je réalise l'urgence de la situation. Enfin, le surlendemain, on me téléphone. Lise m'accompagne à l'hôpital. C'est moi qui dois la rassurer. Elle me regarde comme si mes jours étaient comptés. Elle ne croit pas à ma survie. C'est probablement à ce moment-là qu'elle fait son deuil de moi. Une réaction fréquente chez bien des proches, ai-je appris plus tard à l'OMPAC.

Me voilà installée dans une chambre à deux lits avec une vieille dame qui a une peur bleue de mourir. Nous parlons de nos vies sans pudeur. Nous nous aimons bien toutes les deux. Le danger nous rapproche.

Après le long suspense des quatre tests qui se révèlent tous négatifs, le 9 mars 1988, je suis opérée pour l'ablation du rein gauche. Quand on vient me chercher, je sens que la vieille dame sympathique qui partage ma chambre est très nerveuse pour moi. Alors, je fais le clown, je chante, puis lui dis:

— Je chante maintenant, parce que je ne chanterai pas fort, fort, après!

Elle rit... À mes oreilles, son rire est doux comme des applaudissements. Je suis ravie d'avoir réussi à détendre l'atmosphère. Et je descends, sûre que tout ira bien...

Dans la salle d'opération l'anesthésiste s'affaire déjà à installer somnifères et engourdisseurs de tout acabit, alors que le chirurgien, qui jusqu'ici m'était apparu tellement sûr de lui, arpente nerveusement la pièce comme s'il répétait intérieurement la technique qu'il utilisera pour me charcuter. Je le sens, il a le trac! Il remarque que j'examine trois grands négatifs à ma gauche. J'y vois très bien la forme de mon rein avec l'*énorme* tumeur qui en mange littéralement les deux tiers. Et cette proéminence, à droite, comme un grand nez pointu menaçant d'une minute à l'autre d'éternuer. Une véritable bombe dans *mon* ventre! Maudit, il était temps!

Dans ma tête, je revois une dernière fois la mise en scène que j'ai préméditée: maman, décédée il y a dix-sept mois, guidera la main et les décisions du chirurgien et Jackie, ma grande amie décédée récemment d'un cancer dans le même hôpital, se chargera d'inspirer judicieusement l'anesthésiste. Ces deux hommes ne se doutent pas qu'ils sont téléguidés. Je les regarde en souriant. Puis, je ferme les yeux et m'invente un beau visage de bébé qui me sourit; c'est mon petit-fils ou ma petite-fille que je vais connaître. J'en suis persuadée. On me demande de compter. Je prononce «un» très fort. Je ne veux surtout pas qu'ils m'opèrent avant que je sois bien endormie. À «quatre», je dors déjà. On m'a «knock-outée»!

* * *

Je ne veux recevoir aucune visite les premiers jours. Pourquoi mon entourage garderait-il de moi l'image d'une personne souffrante et laide? Seule ma fille Ève-Line m'accompagne. J'ai une confiance totale en elle. Nous avons convenu que lorsque je serai débranchée, elle donnera le feu vert.

Dans la salle de réveil, j'entends des bruits sourds autour de moi. On prend ma pression. Je réalise que l'opération est terminée. Mes paupières sont encore très lourdes et je n'ai pas envie de bouger. Je suis «gelée» dans les deux sens du mot. On s'affaire. Quelqu'un me crie:

— On vous remonte dans votre chambre. Ça s'est bien passé.

Pourquoi crient-ils tous? Quand on est engourdi, on ne devient pas sourd pour autant. On roule ma civière. Rien ne me fait mal et je vis. *Je vis*! Merci mon Dieu. Je connaîtrai l'enfant de Marie-France et de Marc...

Tout à coup, ma civière heurte un obstacle et j'entends Ève-Line:

— Vous ne pouvez pas faire attention, c'est une nouvelle opérée!

Je me rendors, satisfaite d'être entre de si bonnes mains. Lorsque je me réveille, je suis dans mon lit. Je respire mal; j'ai le nez écrasé. Je tâte mon visage et Ève-Line retient mes mains:

— Voyons maman, t'es comme un bébé.

Je m'acharne à essayer de décoller tout ce qui gêne ma respiration. Ève-Line court chercher Marie-Josée, mon infirmière préférée. Celle-ci replace les tubes et recolle le tout. Enfin! Je commence à respirer profondément et j'arrête de me débattre. Ma fille rit de constater à quel point je me défends si bien, même tout endormie. Je me tourne de son côté pour la regarder... «Ayoye!» Je ne peux tourner la tête du côté droit. Tel qu'elle me l'a indiqué avant l'opération, j'ai le soluté planté dans le cou! Les veines de mes bras et de mes mains ont déjà toutes été utilisées pour les tests. L'aiguille me semble démesurément longue!

À mesure que je reviens à moi, je sens les inconvénients du Levine, cet appareil dont le long tube passe par le nez et aspire les sécrétions postopératoires. Je veux sucer des glaçons pour soulager ma gorge râpée et ma bouche sèche, mais on me les rationne. Et puis, j'ai des bouffées de chaleur e-n-v-a-h-i-s-s-a-n-t-e-s:

mes draps deviennent si trempés qu'on pourrait les tordre. Non, je n'exagère pas: on doit les changer plusieurs fois par jour. Apparemment, cette chirurgie subie à cinquante et un ans a déchaîné ma ménopause.

Ève-Line me regarde en souriant:

— Tout va bien, m'man, tu récupères vite.

Chère Ève-Line, elle n'a que vingt-trois ans et déjà tellement d'expérience de la souffrance!

Tout à coup, mes deux autres filles qui vivent à Montréal arrivent. Elles n'en pouvaient plus de poireauter à côté de leur téléphone et veulent me voir. Marie-Andrée est découragée et Marie-Gabrielle se sent mal. Elles sortent dans le corridor. Marie-Gabrielle a tout juste le temps de se rendre aux toilettes où elle perd conscience... Me voir amaigrie, livide et branchée à toutes sortes d'appareils leur impose des pensées difficiles à supporter: *Maman va mourir! Jamais maman ne pourra reprendre une vie normale!*

* * *

Je dors beaucoup. On me drogue et je ne m'en plains pas.

La porte s'ouvre. Mon vieux papa malade entre, en chaise roulante, poussé par mon frère Réal:

— Je lui ai dit que tu allais bien, que tu ne voulais pas de visites aujourd'hui. Il ne me croyait pas et tenait à te voir lui-même!

Papa me pose beaucoup de questions. Réal blague comme toujours. Je ris. Papa repart rassuré: «Elle va bien, elle pense à nous faire rire.»

* * *

Le pire, c'est le Levine... C'est exaspérant! Je ne pense qu'à cela! De plus, en dormant, j'oublie forcément la longue aiguille dans mon cou et, quand je bouge la douleur me réveille à tout coup. Enfin, je maudis ces chaleurs déconcertantes... Le jour, avec Marie-Josée, cette jolie infirmière haïtienne, je me sens comprise. C'est une précieuse complice. Mais la nuit, je suis abandonnée à mon sort et je grelotte, glacée, entre mes draps mouillés.

Quarante-huit heures de Levine et je suis enfin libérée de cette moyenâgeuse torture. Alléluia! Le soir, une technicienne m'apporte *mon* tube avec des balles de plastique. Plus on souffle d'air dans l'appareil, plus les balles montent et plus les poumons sont libérés des sécrétions. C'est pourtant simple. Le problème, c'est que même si je souffle le plus fort possible, les balles ne font que frémir sur place! J'ai l'impression que je ne pourrai plus jamais respirer normalement! Mais à ma sortie d'hôpital, je pousserai toutes les balles au plafond de l'appareil, arrivant même à les y retenir quelques secondes. Bien humblement, je me trouverai alors tout à fait extraordinaire!

Le quatrième jour après l'opération, je sens la vie refaire surface; ma libido, éteinte durant la maladie, reprend à grands galops de désir sa place oubliée... Paûl, mon amour, mon amant si doux, si tendre, que j'ai quitté il y a quelques mois, me manque énormément. Je pense à lui intensément. Je pleure. Est-ce qu'il m'aimera encore? Peut-on être aimée après un cancer? Ma vie sexuelle est-elle finie? Pour repousser ces idées tristes, je pense à Marie-France qui viendra de Vancouver avec son ventre gros de cinq mois. Elle arrivera exactement le jour de ma sortie d'hôpital.

* * *

À la maison, je me sens plus forte. Mes énergies reviennent comme *avant*! Quel bonheur! Marie-France est rayonnante. Avec mes autres enfants, nous prenons une série de belles photos de son ventre nu. Je sens déjà son bébé bouger! Comme je suis bien dans cette atmosphère de vie joyeuse, ce cocon chaleureux, entourée de mes enfants...

En plus de me combler de joie, la venue de Marie-France coïncide avec une greffe de cœur au père de Marc, son mari. La vie se répand partout autour de moi et en moi. Cet enfant qui grossit en elle nous apporte les plus belles espérances...

Marie-France et moi suivons le même régime alimentaire. Nous coupons sel et alcool. Nous mangeons beaucoup de légumes, de fruits et de céréales et profitons d'une sieste après le dîner. Nous parlons longuement au lit et nous nous réveillons ravies d'être là, ensemble. La vie est belle! *La vie est belle!*

Quatre mois après l'intervention, j'assiste à son accouchement à Vancouver. Elle a choisi d'accoucher à la maison avec deux sages-femmes. Jamais je n'oublierai la naissance de cette chère Héloïse... Quel cadeau du ciel! C'est la *joie de vivre* personnifiée.

* * *

J'attends neuf mois avant de tenter de revoir mon amour... Comme si neuf mois étaient une assurance contre le retour du cancer, des maudites métastases! Mon chirurgien, à qui j'ai demandé de me répondre franchement, m'a dit: «Une rémission de cinq ans est considérée potentiellement durable!» Mais je me sens comme neuve. Ma cicatrice est presque invisible et, à part quelques rares douleurs dans mes muscles coupés et recousus, ma santé est parfaite. La tendresse et l'amour d'un homme me manquent cruellement.

Bref, neuf mois après mon opération, je vais là où j'espère rencontrer Paûl. Lui qui tient toute la place dans mes pensées amoureuses. Comment va-t-il réagir en me voyant? Peut-être ne sera-t-il même pas là! C'est le 29 octobre 1988, deux ans exactement après la mort de maman... Un peu follement, je compte secrètement sur son aide. Je me rends à une danse d'Halloween que Paûl et moi n'avons jamais manquée. Si Paûl y est, je lui raconte tout; mon cancer, mon opération, les métastases possibles. Puis j'attends sa réaction. S'il n'y est pas, je n'essaierai plus de le revoir.

Mon cœur bat à tout rompre. Je le sens gonfler mes tempes et marteler ma poitrine. J'étouffe... Paûl n'est pas là. Déçue, je ravale mes espérances et choisis de danser toute la soirée. Je valse avec un monsieur aux tempes grises. Soudain, en tourbillonnant, mon cœur craque. Je ne rêve pas. Paûl vient d'entrer... Il cherche du regard et me repère; je lui souris, remercie mon partenaire et marche vers lui. Il m'invite à danser. Nous ne disons rien. Nous sommes tellement bien... Mais il ne sait rien encore... J'entame les confidences. Je lui raconte tout. Je l'observe. Il écoute avidement et ne pose aucune question. Il me serre tendrement la main et me dit qu'il m'aime toujours... Alléluia!

Comment ai-je pu me priver de tendresse et d'amour durant tout ce temps, alors que j'en avais tellement besoin?

Je récupère vite. Trop vite peut-être. J'oublie les métastases possibles et je retombe exactement dans les mêmes pièges: alimentation, stress, spiritualité, *tout est comme avant!*

* * *

RE-TUILE...

Trois ans après le cancer du rein, des métastases apparaissent au poumon gauche. Que s'est-il passé? Depuis l'ablation de mon rein gauche, je devais passer deux tests routiniers tous les six mois; rayons X des poumons et cartographie osseuse.

Au début de septembre 1990, pétante de santé, j'ai l'impression d'atteindre enfin le bout d'un long tunnel. Mon urologue, peut-être influencé par ma vigueur, ne me prescrit aucun test! Quand, à la mi-septembre, les coups durs s'acharnent à nouveau sur ma tête, je me sens tout de suite faible et vulnérable; en une semaine, je perds trois kilos. Inquiète, je téléphone à mon urologue.

— Vivez-vous du stress présentement? Êtes-vous surmenée?

C'est le cas; mon médecin en conclut que ma perte de poids est sans doute due au stress. C'est aussi ce que je crois avant que le terrible diagnostic s'abatte à nouveau sur ma tête. Ma libido est au ralenti; je devrais pourtant me méfier. Mais non, je me dis que c'est le vieillissement, la ménopause. Enfin, tout excepté *ça!* Je suis anxieuse et pleure facilement. Mon moral est démoli. En janvier 1991, je quitte Paûl. Je ne sens plus sa douceur ni sa tendresse, je ne sens plus son amour. Je ne pense qu'à nos différences et j'ignore nos similitudes et nos affinités... une fois de plus! Est-ce que, plus ou moins consciemment, je souhaite qu'il ne me voie pas mourir?

En avril 1991, je repasse les deux tests habituels. Je vis trois semaines dans l'angoisse des résultats. Finalement, j'apprends que j'ai deux tumeurs au poumon gauche. *Re-tuile!*

Comme la première fois, je refuse d'y croire. Ces tumeurs à mon poumon gauche ne sont pas nécessairement cancéreuses... Je n'ai jamais fumé de ma vie! Ce serait trop injuste! Mon chirurgien me presse, m'informe de l'urgence de passer au moins une bronchoscopie et une biopsie de la plus grosse des deux tumeurs. D'accord. Je le contenterai. On verra bien...

D'abord, la bronchoscopie. Une jeune pneumologue efficace et compréhensive (malheureusement, ce n'est pas toujours le cas) m'explique à l'avance ce qui m'attend: «On va geler votre nez et votre gorge avec un aérosol qui a mauvais goût. Vous aurez la sensation d'une boule dans la gorge. Ne pensez pas que le tube introduit dans votre nez ne passera pas, c'est une illusion. Avalez doucement, sans paniquer et tout ira bien.» Merci mon Dieu de m'avoir envoyé celle-là! Tout se passe exactement comme prévu. On visite mes bronches des deux côtés. On gratte des échantillons à l'intérieur du poumon gauche. On regarde le poumon droit: «Vous voyez, on observe tout de suite que cette personne n'a jamais fumé.» Parce que je n'ai jamais fumé, il me sera peut-être donné de survivre encore une fois... même si c'est cancéreux? Je ressens un faible espoir vite dilué par l'immense vague déprimante qui me submerge... La bronchoscopie ne signale rien de spécial. Je dois subir une biopsie.

On exacerbe ma patience avec tous les tests possibles et inimaginables, dont la fameuse prise de sang artérielle au poignet. Très souffrant. J'ai envie de crier! Je dois pédaler sur une bicyclette fixe et ensuite, on veut me faire subir une seconde prise de sang artérielle «après effort»! Je refuse. Je me sens faible et incapable d'en supporter davantage. Je me mets à pleurer. J'essaie d'expliquer à l'infirmière que je suis au bout de mes forces, que je me sens tendue comme jamais auparavant. «Rassurez-vous, madame, même si pour la comparaison cela aurait été préférable de passer le deuxième test, je n'insisterai pas.» On se regarde toutes les deux. Aucune empathie dans son regard. Je sens très clairement qu'elle me prend pour une personne «plaignarde» et capricieuse. Dans ma tête, je ne vois que la «castonguette» de ce cher pneumologue qui passe et repasse sans arrêt, depuis deux semaines. Que Dieu le bénisse, moi je n'en ai ni la force ni la sainteté...

Et voilà le grand jour de la biopsie arrivé. Je suis craintive... Autour de moi, personne pour me rassurer, pour m'expliquer ce qu'on demandera à mon pauvre corps déjà affaibli, épuisé.

Couchée sur une civière, je vois, sur un écran, ma tumeur au poumon gauche. Grosse comme une balle de golf, presque au milieu de ma poitrine. Je m'inquiète: ils vont trouver la tumeur juste sous la peau, comment se fait-il qu'on sorte de si longues aiguilles? Ouf! Le technicien en prend une petite et me dit: «On gèle.» Je sens l'aiguille fine qui traverse ma peau. C'est à peine désagréable. Attends, Jacqueline, tu ne connais pas la suite! La vérité, c'est que les couches superficielles de la peau sont moins sensibles. Quand l'aiguille frôle une de mes côtes, des larmes de douleur coulent abondamment sur mes joues. *Ça fait mal!* Le technicien continue à geler. «Ce ne sera plus long.» Enfin, il retire la maudite aiguille... C'était seulement pour m'engourdir afin que la biopsie ne soit pas douloureuse. Je n'ose imaginer les souffrances d'une biopsie à froid!

Je dois me retourner à plat ventre. Avec la longue aiguille, on me passe littéralement à travers le corps: en partant du dos, entre les omoplates, jusqu'à très près de la surface de la peau devant, entre les seins! Tout à fait illogique! Pas nécessaire de faire un dessin pour comprendre! Apparemment, il n'existe qu'une méthode pour effectuer une biopsie pulmonaire. Du moins, c'est ce qu'on me dit... C'est la routine à son meilleur. Heureusement que durant la biopsie je ne souffre pas... Enfin! C'est terminé. On me laisse me reposer une demi-heure et je retourne chez moi.

Ce soir-là, j'ai mal quand je respire. Durant la nuit, la douleur me réveille. Le lendemain, dimanche, rien ne me soulage. Habituellement, je ne prends aucune pilule. Je suis pour la nature et le naturel... mais je souffre trop; j'essaie de l'acétaminophène. Aucun soulagement. Je ne dors que quelques minutes à la fois. Respirer est devenu laborieux et douloureux. Je pleure de découragement. Vraiment, c'est trop! Je garde le lit et maudis le pneumologue et le technicien qui a pratiqué la biopsie. Vivement que lundi arrive!

Le lundi matin, je laisse un message à la secrétaire du pneumologue. Pas de nouvelles. Mardi, je rapplique et laisse un message *détaillé* à la même secrétaire. Toujours sans nouvelles et toujours souffrante, le mercredi je téléphone à mon chirurgien. Une heure plus tard, il me rappelle. Je raconte mes difficultés à respirer depuis la biopsie, mes nuits sans sommeil, mon épuisement total. Je me sens vidée et me plains du manque d'éthique de son confrère. Il va se renseigner pour moi. Le jeudi matin, hautain, le pneumologue me téléphone et me dit que je dois absolument passer à l'hôpital. Je l'implore de prescrire quelque chose par téléphone à mon pharmacien. Sa réponse est tranchante: «Je ne suis pas du genre à prescrire au téléphone!...» Je raccroche et pleure de rage. Rage d'impuissance. Je sais trop bien que son diagnostic est établi: douleurs dues à la biopsie! Comme ils sont nombreux à se prendre pour Dieu le Père, le Fils, le saint Esprit et le nombril du monde!... Je ne mange presque plus. Je m'affaiblis à consacrer ce qu'il me reste d'énergie au service de ma respiration au lieu de la déléguer à combattre mes tumeurs.

Le lendemain matin — le matin, c'est un peu plus tolérable — je prends une douche, m'habille péniblement et appelle un taxi. Je me sens incapable de conduire dans un état pareil. À l'hôpital, après une longue attente, le pneumologue daigne enfin me recevoir; cheveux frisés, jeans et grand sourire derrière le bureau. Je lui raconte encore mes souffrances et il me prescrit illico deux médicaments sur son carnet d'ordonnances!!! Quoi? Je suis médusée. Je suffoque. Je n'en reviens pas! Je n'ai même pas déboutonné mon imperméable... donc, j'avais raison. Il comprenait très bien l'origine de mes symptômes avant même que je mette les pieds dans son bureau: insertion d'air dans les poumons par l'aiguille de la biopsie. Et il ne prescrit pas au téléphone! Où est la différence? Oh! je la vois trop bien la différence; une semaine de souffrances pour moi et une «castonguette» de plus pour Monsieur! Si mes yeux étaient des mitraillettes, il serait foudroyé sur place. Cyniquement, je lui fais remarquer son manque d'éthique. Il le prend évidemment avec hauteur et me met rapidement à la porte. Monsieur est pressé. Le temps, c'est de l'argent. J'entends Jacques Brel, dans ma tête: «Au suivant!»

Les yeux embués de larmes, je vais immédiatement à la pharmacie. Revenue à la maison, je m'empresse de prendre les deux pilules... Voyons, je rêve, il me semble que je connais cette pilule jaunâtre. Je lis l'étiquette. Eh oui! C'est un des deux seuls médicaments que j'avais déjà à la maison... Un ami, médecin, me l'avait prescrit contre l'arthrite et l'arthrose qui avaient démesurément enflé mes chevilles et mes genoux, il y a quelques mois... Je ne peux le croire! J'ai souffert durant une semaine, jour et nuit, et j'avais *chez moi, la* pilule qui allait calmer mes souffrances en quelques heures... J'ai l'impression qu'un sadique m'a choisie comme proie pour ses jouissances maladives... Pardonnez-lui, Seigneur, car il ne sait pas ce qu'il m'a fait...

Une semaine plus tard, mon urologue reçoit les résultats de la biopsie: c'est raté! Cela arrive de temps à autre, semble-t-il, et je devrai en repasser une deuxième... *jamais, plutôt mourir!* Je refuse de revivre cette expérience traumatisante. Constatant l'impuissance de mon urologue et l'incompétence du pneumologue, je me précipite à l'hôpital, y cueille mes dossiers et téléphone à un chirurgien que je connais. Je lui demande de me référer à un bon oncologue.

Dans un autre hôpital, cet oncologue me reçoit avec déférence. Il scrute attentivement mes radios pulmonaires montrant les deux tumeurs, le scanner des os et les résultats de ladite «biopsie à reprendre».

— Madame, votre biopsie montre pourtant des cellules allongées, anormales, probablement cancéreuses!

Je suis tout oreilles. Patiemment, malgré la longue file de patients qui attendent pour le voir, il m'explique que dans le cas d'un cancer primaire du rein, les métastases ne peuvent être traitées par chimiothérapie ou par radiothérapie. Tant mieux! Je me voyais déjà perdre mes cheveux et vomir. Bref, sur le coup, je n'y vois que des avantages!... Mais je dois bien me rendre compte que tout ce que la médecine traditionnelle peut m'offrir, c'est la chirurgie... Apparemment, un cancer du rein, c'est pas tuable!

— Seul un chirurgien thoracique pourra vous débarrasser de vos deux tumeurs...

Je pense: jusqu'à ce que les suivantes se présentent... Je panique. J'ai l'impression de m'enfoncer dans une mélasse épaisse et envahissante. Je demande au spécialiste s'il peut me référer à un chirurgien thoracique. Il prend le téléphone et dix minutes plus tard, un grand homme mince qui ressemble comme un frère à Lincoln s'affaire à examiner mes rayons X:

— Il faut vous opérer au plus vite. Vous serez hospitalisée dans trois jours.

— Impossible; je dois régler des affaires personnelles urgentes.

Il reporte l'intervention d'une semaine... Ces quelques jours avant ma deuxième opération m'ont paru interminables.

* * *

Ma sœur Claire m'envoie cinq livres de Paris. Deux d'entre eux retiennent particulièrement mon attention. Le premier[1] est une autobiographie d'un médecin américain qui s'est guéri d'un cancer de la prostate et de plusieurs métastases osseuses grâce à l'alimentation macrobiotique. Le deuxième[2] porte sur la trouvaille d'un chercheur français qui prétend avoir guéri soixante-quinze pour cent de ses patients cancéreux en phase terminale en leur administrant des cônes et des gélules renfermant exclusivement des produits naturels. Je me dis: Jacqueline, tu dois t'accrocher à l'espoir de vivre et surmonter cette maudite maladie. Simultanément, ma belle-sœur Michèle m'offre son livre du Dr Catherine Kousmine[3] que je lis avec le plus grand intérêt et mon amie Marcelyne me donne *Dialogues avec l'ange*[4] que je dévore d'abord tout d'un trait puis déguste ensuite à petites gorgées. Ce livre très nourrissant, sûrement le plus nourrissant de tous les livres de spiritualité que j'aie lus, s'infiltre en moi et amorce un merveilleux cheminement spirituel dans ma vie.

Tôt le matin, j'entre à l'hôpital le plus bravement possible. Il fait chaud et humide à Montréal, en ce 17 juin 1991. La pollution est à couper au couteau. Je prends sagement un numéro et commence une interminable attente. Je converse avec d'autres patients. Je me rappelle ce jeune homme amaigri et pâle avec de beaux yeux lumineux et intelligents... Bernard. Son jumeau est décédé du cancer. Il vient pour passer une batterie de tests. On lui a trouvé des métastases aux ganglions, aux poumons... Il parle avec tendresse de sa mère qui vit sur la Côte-Nord, de ses études universitaires interrompues, de sa solitude. Ma foi, je donnerais bien ma vie pour qu'il vive. Il est si jeune et semble si bon... Que d'impuissances!

On nous fait attendre dans une autre pièce. Midi passe. Ma fille Ève-Line est venue et attend gentiment avec moi tout l'après-midi. L'heure du souper arrive. Nous ne sommes plus que trois patients impatients! Alors, je décide d'aller me renseigner et je

---

1. *Rappelé à la vie*, Dr Anthony J. Sattilaro, 1983.
2. *La santé confisquée*, Monic et Mirko Beljanski, Éditions Cie 12, 1989.
3. *Soyez bien dans votre assiette jusqu'à 80 ans et plus*, Dr C. Kousmine, Éditions Primeur Sand, 1985.
4. Éditions Aubier, 1990.

retourne à l'urgence où je m'étais présentée le matin. En regardant ma carte, l'infirmière lance sèchement:

— Où est-ce que vous étiez passée, donc vous? Ça fait trois fois que je vous appelle!

— J'étais de l'autre côté, là où on m'avait demandé d'attendre!

Problème de changement de personnel. L'infirmière qui est partie à seize heures a oublié d'indiquer à sa remplaçante la salle où attendaient les trois petits derniers! On s'affole. Branle-bas de combat. Il y a déjà des civières partout: dans toutes les petites cellules, dans les corridors étroits. Il fait une chaleur étouffante. J'ai la sensation désagréable d'être dans la Cour des Miracles!

Afin d'être hospitalisés dans les normes, il nous faut passer la nuit là, en bivouac, sur nos civières... On me place au fond. À côté de moi, une femme de mon âge, roumaine je crois, semble très souffrante. Ses deux filles viennent de partir et je sens qu'elle se trouve bien seule! On parle un peu de nos cancers. Quoi d'autre? Cela occupe toutes nos pensées; la vie extérieure n'existe plus pour nous.

Marie-Andrée vient prendre des nouvelles. Je dis à mes deux filles qu'elles peuvent partir tranquilles maintenant que je suis installée pour la nuit. On baisse les lumières. Dans ce fond de corridor étouffant, le patient qui occupe la civière devant moi fume comme une cheminée! Dans un hôpital! Quand on doit être opérée au poumon, cela n'est pas très recommandé... Dire que je pourrais passer la nuit chez Marie-Andrée qui habite tout près... J'en parle à l'infirmière:

— Seul votre chirurgien peut vous donner la permission de passer la nuit à l'extérieur, sans quoi vous perdrez votre place et votre tour.

— Téléphonez-lui, je veux lui parler.

Hésitante, elle me regarde. Se fera-t-elle engueuler par le chirurgien si elle le dérange pour si peu? Je lui confie que de toute façon je sais comment obtenir le numéro de téléphone de mon chirurgien. Alors elle compose le numéro. Très affable, il me donne sa bénédiction à la condition que je sois de retour à l'urgence le lendemain à huit heures. Il est près de vingt-deux heures. Je téléphone chez Marie-Andrée; elle n'est pas encore rentrée. Qu'importe, je pars joyeusement comme une enfant en vacances...

Je décide de flâner un peu, mais tous les magasins sont fermés le long du parcours. Non, ici c'est ouvert. Une boutique de journaux et de revues. Je bouquine longtemps et sors avec un magazine d'architecture et d'art moderne dans lequel je trouve des formes magnifiques et des couleurs envoûtantes. C'est bizarre. Depuis que je suis sortie de l'hôpital, je ne pense plus à mon opération d'après-demain. Je me sens merveilleusement bien. J'apprécie de respirer, de voir ces couleurs surtout. Je continue de flâner... heureuse, flottante. Je fais un peu de lèche-vitrine puis je marche rapidement vers l'appartement de Marie-Andrée. Pourvu qu'elle soit rentrée, mais je suis prête à l'attendre. Je sonne et j'entends sa voix surprise dans l'interphone:

— Qui est-ce?

— C'est maman.

Elle m'ouvre toute souriante et m'accueille pour la nuit, contente de pouvoir m'aider. Je dors bien, me lève et pars sans faire de bruit, comme convenu. Je vais déjeuner dans un petit restaurant repéré la veille. Je goûte chaque aliment comme si c'était la première fois. Depuis trois semaines, j'ai adopté le régime Kousmine: crème Budwig le matin, céréales vivantes, beaucoup de légumes crus ou légèrement cuits, un peu de poisson et de viandes maigres, quelques fruits. J'ai retranché le gras et le sucre au maximum et j'ai effacé complètement de mon alimentation le beurre, la margarine, les viandes fumées, la charcuterie, les fromages gras, les gâteaux, les sauces grasses et l'alcool.

Ce matin, au restaurant, je m'ajuste au menu et demande jus d'orange, pain brun grillé sans beurre, miel, œuf à la coque. Je déguste tranquillement la belle tranche d'orange et le persil qui décorent l'assiette.

Je suis à l'hôpital à sept heures quarante-cinq. Une nouvelle infirmière m'apprend que j'ai «perdu mon tour» (sic!) parce que je suis allée coucher à l'extérieur. Il n'y a plus aucun lit libre pour moi. J'enrage et en même temps, j'ai envie de pleurer. C'est trop bête. J'essaie de joindre mon chirurgien... il est déjà en salle d'opération. Je reste là à attendre un miracle. Vers treize heures, c'est lui qui me cherche partout à l'urgence. Quand il me voit, il me lance un clin d'œil complice:

— Je vais vous trouver un lit.

Vingt minutes plus tard, je partage une chambre avec une dame de soixante-huit ans, toute douce et gentille. Elle me parle comme maman. C'est un baume pour moi. Elle a été opérée il y a trois jours. Trois pontages au cœur. Elle exécute ses exercices respiratoires avec application, presque religieusement. Son mari, qui vient la voir chaque jour, blague et lui parle du beau jardin qu'il prépare dans leur cour arrière. Elle sourit. Ils ont tellement l'air de s'aimer. Je les envie. Il est rempli d'attentions délicates pour elle. Il me dit toute la peur qu'il a ressentie lors de l'opération de sa femme et toute sa joie de voir qu'elle récupère si bien ses forces. Ses yeux brillent de grâces exaucées...

Le lendemain midi, on vient me chercher pour la chirurgie. La salle d'opération est frigorifiée. Je frissonne. L'atmosphère est insoutenable entre mon chirurgien et l'anesthésiste. Se sont-ils disputés? Est-ce que le patient précédent est décédé? Je perds conscience rapidement.

* * *

J'entends des «pchitt, pchitt». On prend ma pression. Je suis encore tout engourdie, mais je réalise que j'ai été opérée. Je me sens tellement faible. C'est comme si j'avais reçu un coup de hache dans le dos et qu'on y avait laissé la hache! Sous mon sein gauche, la peau est tendue. Je n'ose pas bouger. Tout me fait mal et j'ai peine à respirer. On me ramène à ma chambre. Je suis découragée... Je crois que je vais mourir... Je ne pourrai jamais passer au travers. Même ouvrir les yeux est au-dessus de mes forces. Je pleure. Pleurer aussi fait mal. Mon Dieu, comment peut-on souffrir autant, sans mourir? L'infirmière prend souvent mes signes vitaux. Je suis sans doute bourrée de drogues. J'ai l'impression de dormir dix minutes et de me réveiller dix minutes pour souffrir. Très longue nuit...

Le lendemain matin, je reconnais la voix de mon chirurgien. Lui aussi parle fort. Pourtant le fait d'être engourdie ne me rend toujours pas sourde! Il m'appelle:

— Qu'est-ce qui se passe?

Est-ce que je le sais, moi, c'est à lui de savoir! Il ajoute:

— Le poumon opéré est à plat et l'autre est rempli de sécrétions!

Diable! Je pense vite. Je vais arrêter de respirer! Il me demande:
— Connaissez-vous ça une bronchoscopie?
Je murmure «oui» faiblement.
— Je vais procéder à une bronchoscopie.
Je n'ai pas le temps de penser! Deux infirmiers m'assoient et me soutiennent pendant que le chirurgien, sans rien geler, insère le tube:
— Avalez!
Je suis tellement dopée que je ne sens presque rien. Il retire les sécrétions du poumon droit et apparemment regonfle le gauche. Je lui suis très reconnaissante. Je comprends qu'il vient de m'épargner de nombreux et laborieux exercices respiratoires douloureux à faire monter les fameuses «balles de plastique». Je suis immédiatement soulagée et respire mieux. Je tente un sourire:
— Merci.
Puis je me rendors. Chaque fois que je m'assoupis, on vient me tourner:
— Il le faut!
Du côté droit, ça va bien, mais du côté gauche, c'est intolérable. Un mal aigu. Alors je triche et me glisse peu à peu de trois quarts presque sur le dos. On revient me placer et je récidive... Durant les deux premiers jours, je souffre tellement que je souhaite mourir. Pour la première fois, je décroche tout à fait. Je me laisse couler à pic.
Mais, le troisième jour, il se passe quelque chose qui ne s'explique pas facilement avec des mots. Ma compagne de chambre a été remplacée par un homme d'une cinquantaine d'années. Comme elle, André vient d'être opéré pour des pontages au cœur.
Tard le soir, le rideau tiré entre nous, André et moi parlons de nos familles. Il est deux fois grand-père et moi, une fois grand-mère. On s'extasie sur cette joie incomparable. On parle de nos enfances réciproques, de nos parents, de nos frères et sœurs avec beaucoup de chaleur et de tendresse, puis du stress et des soucis qui nous ont rendus malades... Nous sommes tous les deux très émus... sentant combien nous aimons la Vie...
Au petit matin, autour du lit d'André, on s'affole: spécialistes, moniteurs cardiaques. On adresse des reproches au résident-cardiologue qui a fait une erreur: il a pris le côté du cœur opéré

pour le côté non opéré! Par une injection, il a failli tuer André. Heureusement, en quelques heures, les battements cardiaques redeviennent normaux... L'oreille aux aguets et le cœur battant, de l'autre côté du rideau, je vis intensément toutes les péripéties de la journée. «Mon Dieu! Cet homme veut tellement vivre!...» Et je me rends compte, toute surprise, que moi aussi, je veux vivre. Surtout par amour et pour l'amour...

* * *

Le soir du jour 3 après l'opération, je commence à avoir des rougeurs et des enflures dans la bouche. J'ai de plus en plus de difficulté à avaler. Après examen, on me prescrit 1 cc de liquide anti-champignons (Mycostatin). J'en prends le soir, la nuit suivante et tout le jour 4, sans résultat. Je n'en peux plus; avaler ma salive est de plus en plus douloureux, les champignons se sont multipliés à cœur joie et *j'ai faim*! Alors, encore très faible, je sors de mon lit en traînant mon soluté sur roulettes. Je pars pour une expédition périlleuse au bout du long corridor. Je suis en nage. C'est la première fois que je marche aussi longtemps depuis l'opération. Je demande à l'infirmière de téléphoner au médecin pour moi parce que j'ai lu sur la boîte de Mycostatin que la quantité qu'on m'a prescrite est celle des nourrissons. Je souhaite doubler la dose. Elle ne veut pas déranger le médecin. Je l'implore. Je ne veux pas souffrir encore toute la nuit... Elle compose le numéro, explique au résident de garde mon désir de doubler la posologie, puis raccroche, satisfaite:

— Il dit d'attendre à demain matin. Il doit vous examiner avant de changer quoi que ce soit.

A-t-elle vraiment téléphoné? Si oui, pourquoi refuse-t-il de doubler la dose? Je dois me résigner à passer une autre nuit insupportable. Le lendemain matin, mon chirurgien écoute mes explications, vérifie la posologie suggérée sur la boîte et sort de ma chambre. Quinze minutes plus tard, ma prescription est doublée... Ma bouche et ma gorge guérissent rapidement et je peux enfin avaler normalement. À quoi ai-je échappé? Infection mycosique due à l'appareil de bronchoscopie, mal désinfecté? Ou pire, je n'ose y penser, au Levine de la salle d'opération?

Mon appétit est excellent et je me rétablis doucement quand, le jour 8, j'ai subitement une diarrhée terrible. J'imagine tout de suite le pire: le cancer évolue. En m'opérant, on y a mis le feu comme cela se produit fréquemment. Maintenant *il* s'attaque à mes intestins... Je vais mourir... pourtant, je désire tellement vivre encore. Mon moral est au plus bas quand Marie-France m'apprend qu'une entérite court ces temps-ci. Je m'accroche à cette explication comme à une bouée de sauvetage. J'ai dû — encore — m'énerver pour rien...

Mon chirurgien demande un gastro-entérologue en consultation. Médusée, j'assiste alors à une scène tout droit sortie de Molière. Du loufoque à son meilleur. Le spécialiste, rubicond et chauve, entre dans ma chambre nez en l'air, joues roses et mains potelées, encadré de deux acolytes, internes adorateurs et rampants, l'un au teint vert et l'autre boutonneux! Suffisant, il leur explique comment procéder. Il joint le geste à la parole; tâte, palpe, pétrit mon ventre et, quand je réponds «oui» à la question: «Est-ce douloureux?», repalpe de plus belle au même endroit, s'en donnant à cœur joie. Ensuite, les deux malingres escortes en font autant, toujours à mon corps défendant. Puis, ils repartent, satisfaits, d'un pas décidé. Après vingt minutes de délibérations, ils reviennent tous les trois souriants et triomphants pour la sentence. Le spécialiste débite sa bulle papale:

— Nous avons prescrit des pilules constipantes (cette petite pilule brune d'opium qui ressemble à un grain de poivre); nous allons procéder à un *petit* Levine et demain matin, nous procéderons à une coloscopie.

Je le regarde, méfiante. Que mon instinct est bon juge! Une infirmière se présente avec un tube deux fois plus gros que celui du Levine que j'ai déjà subi. Elle m'assure qu'il n'y a pas d'autre grosseur. Elle me prend vraiment pour une idiote! Mais je n'ai pas le cœur à discuter et j'avale, résignée, une fois, deux fois, trois fois, puis quelque chose bloque dans ma gorge; j'étouffe. Je lui fais signe de tout retirer. Elle s'acharne. Je dois être bleue, mauve. Ève-Line qui vient d'arriver la regarde agir et dit affolée:

— Retirez le tube, elle étouffe comme sa mère!

Je suis justement en train de paniquer en pensant à maman qui a été décérébrée, deux heures avant de mourir, à la suite d'une intubation poussée trop loin, trop vite, contre son gré! L'infirmière retire le tube. Enfin! Je refuse catégoriquement de subir un deuxième essai. Les pilules, on me les administre telles que prescrites... et ma diarrhée disparaît...

Le jour 10, quand mon chirurgien passe, je lui montre un bouton qui a fait irruption sur ma cuisse droite. Cette fois-ci, il fait appel à une dermatologue. Elle m'interroge longuement. On dirait qu'elle me soupçonne de je ne sais trop quoi! Visiblement, elle ne me croit pas:

— Vous êtes absolument certaine que vous n'avez jamais eu de bouton de ce genre, exactement au même endroit?

— Oui.

Elle me prescrit un médicament antiherpétique! C'est un bouton d'herpès? D'où vient-il? Du sang transfusé durant l'opération? Très possible, on pratique des tests antisida mais pas antiherpès! J'implore mon chirurgien:

— J'achète tout ce qui passe, sans même marchander! Donnez-moi congé, je suis persuadée que je me rétablirai plus vite à la maison.

Il signe mon congé et je quitte l'hôpital tout heureuse. Après un bon steak-salade chez Marie-Andrée, elle me ramène à la maison où Ève-Line m'attend...

Mon appétit est excellent quand, le quatrième jour après ma sortie d'hôpital, je constate, stupéfaite, que je n'ai pas «évacué» depuis cinq jours! Les maudites pilules du gastro-entérologue sont tombées dans des intestins tout engourdis par l'anesthésie et par les drogues calmantes que je prends encore. De plus, les antibiotiques reçus ont complètement détruit ma flore intestinale. Bref, je suis littéralement bloquée par une «pâte de ciment» agglutinée à mes intestins paresseux. Cette nuit-là, tour à tour frissonnante et en sueur, je crois vraiment que je vais mourir... sur les toilettes. Pendant plusieurs heures, je pousse tant que je peux, essayant même de récupérer «quelque chose» au doigt. Rien. À ma grande surprise, je n'arrive plus à m'asseoir; ma vulve est gonflée exactement comme avant le passage de la tête du bébé, à l'accouchement. Effrayée, je retourne me coucher. Ce n'est qu'après plusieurs heures d'efforts et d'affolement que j'obtiens finalement des résultats! Merde! Ce gastro-entérologue ne réfléchit donc pas avant de prescrire? J'ai l'impression d'être passée aussi près de la mort avec cette stupide complication que durant mon opération. Absurde! Et si j'avais subi la coloscopie? M'aurait-on prescrit une médication pour me redonner la diarrhée? Quelle merveilleuse science du dosage! Comment peut-on désigner cette manière de «traiter»? Médecine de cataplasmes!

Je suis revenue à la maison depuis une dizaine de jours, quand Paûl téléphone pour prendre de mes nouvelles. Ève-Line, à qui j'ai demandé de ne rien dire, me passe l'appareil. Au début de la conversation, je ne souffle mot sur mes métastases ni sur mon opération. Pendant qu'il me parle, je pense à mon état actuel: je suis très «convalescente». Je ne peux me pencher. Quand je fais ma toilette, je retourne au lit fatiguée d'avoir déployé tant d'efforts. Je ne sors pas, mange peu, lis, dors beaucoup. Quand je dors, je sens que mon organisme travaille à ma guérison. Je récupère. Mais tout à coup j'oublie tout. Je n'ai plus que l'envie folle de le voir, de l'embrasser.

Alors je dévoile tout. Paûl vient me voir. Il surveille l'heure de mes médications, m'apporte des compresses. Il s'allonge près de moi et on se bécote tendrement durant des heures. Je ne peux pas tellement bouger. Je suis encore souffrante. Mes désirs ne sont pas tournés vers la sexualité, mais vers la tendresse. Me coller sur sa peau me fait le plus grand bien. Oh! comme elle est douce cette chaleur amie! Paûl est d'une patience inouïe avec moi. Je me sens vraiment aimée comme je suis et ma libido revient graduellement à ses expressions habituelles.

Souvent, en compagnie de mes amis de l'OMPAC il m'arrive de penser que je suis chanceuse parce que le cancer du rein se traite par chirurgie exclusivement. Quand le cancer est actif, je perds le goût de la sexualité et mes désirs diminuent jusqu'à zéro. Mais, après l'intervention, tout revient à la normale. Je n'ai donc pas à souffrir de longues périodes de diminution ou d'absence de libido. Quand une personne atteinte doit subir de la chimiothérapie ou de la radiothérapie, elle ne ressent pas de désir sexuel pendant une période beaucoup plus longue. Bien des hommes et des femmes découvrent alors avec bonheur à quel point leur partenaire les aime vraiment. D'autres connaissent l'horreur de l'abandon; ils découvrent la solitude en plus de la maladie. Dommage que dans notre société l'expression de l'amour soit si centrée sur la copulation. Explorer la tendresse amène à la découverte de sentiments nouveaux, gratifiants et satisfaisants pour les deux partenaires...

* * *

Quand prendra-t-on au sérieux la manière holistique de considérer la maladie et surtout la santé? Quand se rendra-t-on compte de cette évidence que *tout* ce qui se passe dans la même personne, *se passe dans la même personne et peut, par conséquent, être interdépendant?*

Pour mettre toutes les chances de mon côté, je m'établis un programme santé. L'idée centrale est de détricoter les erreurs physiques, psychologiques et spirituelles que j'ai commises avant et de retricoter patiemment, dans le présent, des vêtements faits sur mesure pour moi. C'est pourtant simple: faire de son mieux pour inverser et renverser le processus malsain de maladie en processus sain de santé, de Vie. Simple, mais pas facile à faire!

Le Dr Catherine Kousmine m'a convaincue que les aliments raffinés et la pollution de l'air, de la terre et des eaux provoquent la recrudescence des maladies dégénératives (infarctus, sida, rhumatisme, arthrite, sclérose en plaques, cancer, asthme et allergies). Qu'est-ce que je peux y faire? Changer mon alimentation et boycotter les polluants.

Voilà mon programme pour ma santé physique. Mais si je reste conséquente avec ma nouvelle pensée holistique, qu'est-ce que je peux faire pour améliorer ma santé psychique et ma santé spirituelle? Logiquement, la même chose: *changer mon alimentation et boycotter les polluants!*

Alors je m'applique à identifier les sources de polluants qui viennent de l'extérieur pour ravager mon intérieur. J'entreprends un grand ménage de printemps qui va balayer les *peurs* de ma vie. Je suis persuadée que si je combine mauvaise alimentation et stress, je deviens une proie facile pour le cancer ou toute autre maladie dégénérative. Je n'ai plus qu'à ajouter un zeste de peur, un manque de confiance en la Vie (ou en moi, c'est la même chose), et c'est garanti: la tuile me tombera dessus comme la foudre! J'ai encore le choix. Agir ou me laisser anéantir... Que la santé revienne ou que la maladie s'installe.

Je me retrouve brusquement, sans m'y attendre, entraînée dans un cheminement spirituel. À cinquante ans, au moment où toute cette saga de cancer débute, je me considère catholique non pratiquante. Au gré de mes lectures, je retrouve quelques notions qui me plaisent parce qu'elles s'identifient à mon instinct profond. Je me sens mieux juste à les lire. Pour moi, c'est le signe infaillible, magique, de l'Inspiration. Parmi mes lectures les plus appréciées se trouvent des ouvrages d'auteurs comme Gibran, Krishnamurti, Laborit, Charron, Rogers, Fromm. Mais leurs textes se compliquent de plus en plus, ou bien leurs écrits cessent de me toucher vraiment et alors je décroche. Puis je lis les *Dialogues avec l'ange*. J'y trouve enfin un style dépouillé qui s'adresse directement à mon intimité et qui me nourrit avec générosité et abondance. Je ressens l'immense tendresse qui déferle de ces messages. J'y reviens sans cesse et j'y découvre toujours de nouveaux éclairages qui me soudent à la Vie et me donnent des ailes; c'est le cas de le dire!

J'en suis là dans la poursuite de mes découvertes avec cette Joie de Vivre qui me quitte rarement. Parfois, si je souffre d'une oppression à la poitrine, d'un rhume, d'une douleur au dos, je pense: «Ça y est, c'est à ton tour... de te laisser parler d'amour...» Ça va être ta fête! Durant quelques minutes, je peux paniquer ou verser une larme de compassion sur mon propre sort. Mais je me pardonne vite cette incartade et j'oublie facilement mes inquiétudes en pensant aux autres. De toute façon, on ne meurt jamais avant ou après son heure; on meurt juste à temps. Pour moi, la mort n'est plus ce qu'elle était. Au Grand Metteur en scène, je demande simplement de ne pas rater ma sortie. Ce n'est qu'un moment à passer... avant ma transformation.

La graine qui éclate dans le noir, sous la terre, ne sait rien de la merveilleuse transformation qui l'attend dans le monde de l'air, alors qu'elle deviendra une magnifique fleur, un arbre majestueux. La chenille, dans son cocon de soie tout sombre, ne sait rien non plus de la merveilleuse métamorphose qui l'attend alors qu'elle deviendra un incroyable papillon. Je n'ose imaginer la transformation qui est prévue pour nous, vers ce monde inconnu de la Lumière et du retour à la Vie... Les physiciens et les astronomes du vingtième siècle en sont convaincus: tout est fait du même tissu. La Vie est Une. Quelle pensée réconfortante!

Tout le toit sur la tête...

Je me crois toujours en rémission. Mais depuis deux mois, j'ai constamment un chat dans la gorge... Ce ne peut pas être le retour des métastases, puisque je n'ai perdu ni poids ni énergie. Pourtant, au sortir de la douche, la vapeur m'oppresse, me rappelant sournoisement les signes des premières métastases.

Le 28 juin 1993, je désire connaître à l'instant les résultats de mes rayons X pulmonaires. Autrement, je devrai passer deux à trois semaines à me morfondre dans l'incertitude!

Porteuse de mon diagnostic glissé dans une grande enveloppe jaune, je n'ai plus qu'une seule idée en tête: prendre connaissance du secret caché à l'intérieur. Enfermée dans les toilettes, loin de tout regard indiscret, j'ouvre fébrilement l'enveloppe... Je n'ai pas à chercher longtemps. Là, accroché aux négatifs avec un trombone, un «papillon» laconique de deux lignes m'envahit d'une certitude terrible à supporter: «un nodule d'environ un centimètre dans le haut du poumon gauche»! Une sueur froide me traverse. Je revis l'opération obligatoire, toutes mes souffrances... Oh! Mon Dieu, combien de temps encore sans de nouvelles tumeurs? Deux ans, deux ans et demi? Je serai donc charcutée tous les deux ans ou, pire, les métastases reviendront à des intervalles de plus en plus courts inexorablement, jusqu'à ce que le cancer se soit tout bêtement généralisé... Le compte à rebours est donc commencé: 9, 8, 7, 6, 5, 4, 3, 2, 1, 0. À zéro, c'est la «transformation»... ce que les conventions nous font appeler la «mort». Je souhaite peser sur l'accélérateur. Pourvu que je ne souffre pas trop longtemps! Tenir le coup! Encore assommée par la mauvaise nouvelle, je cours voir mon urologue:

— Ça y est! C'est reparti; encore un nodule au poumon gauche. Maudit!

Il regarde le message, réalise que je l'ai lu. Alors, triste et compatissant:

— Nous devons passer les tests respiratoires, je vous réfère à un pneumologue.

— Surtout pas le même que la dernière fois. Surtout pas lui! Plutôt celui qui a supervisé ma première bronchoscopie. Il était sympathique.

Mais quand je téléphone pour prendre rendez-vous, le pneumologue souhaité est en congé sabbatique. Je prends donc rendez-vous avec mon chirurgien thoracique, à l'autre hôpital. Une fois de plus, j'arrive dans son bureau avec mes dossiers et mes radios sous le bras. Il va lui-même procéder à la bronchoscopie.

* * *

Je me sens flouée. Je demande à plusieurs reprises si je vais être anesthésiée, puisque je suis convoquée dans une salle d'opération et qu'on me demande d'être à jeun. Le spécialiste, juste avant de pratiquer la bronchoscopie, m'affirme qu'on ne me fera qu'une piqûre «engourdissante»: on m'endort une vingtaine de minutes! Le temps de s'en donner à cœur joie dans mes bronches et mes poumons, question de voir si le nodule est en surface comme les précédents... Heureusement, je ne souffre pas. Ensuite, je dois passer tous les tests respiratoires. Quand mon chirurgien me convoque enfin pour me révéler les résultats, je lui demande:

— Est-ce que je peux partir en voyage aux Îles-de-la-Madeleine tel que prévu au début d'août?

— Certainement. Je vous hospitaliserai dans la semaine du 23 ou du 30 août. Bonnes vacances!

Je profite le plus avidement possible de mon séjour aux Îles. Quelle merveille! Ah! La mer partout. Ah!...

* * *

En revenant de vacances, je cherche un article de journal que mon amie Bernadette avait découpé pour moi lorsque j'avais été frappée par les premières métastases. Après ma cinquième grossesse, un chirurgien m'a implanté des prothèses mammaires en gel de silicone. L'article raconte qu'une Américaine qui portait de telles prothèses a développé un cancer du *rein* et obtenu une somme de presque deux millions de dollars de la compagnie! J'ai d'abord cru à une faute de frappe; il s'agirait plutôt d'un cancer du sein. Mais tout au long de l'article, on parle bel et bien de cancer du rein causé par un poison mortel venu du silicone... À l'époque, j'avais souri et je m'étais promis que si jamais les métastases revenaient, j'irais au fond de cette histoire. Entre-temps, j'ai pris connaissance de recherches faites en laboratoire; des rats ayant reçu des injections de silicone se sont retrouvés avec plusieurs sarcomes aux reins! Enfin, dans la documentation que j'obtiens du gouvernement fédéral, j'apprends qu'on peut déterminer la présence d'ADT (poison mortel dû au silicone) par des tests disponibles à l'Université McGill, à Montréal.

Je communique donc avec le centre de recherches en oncologie de l'Université McGill. On se passe mon appel d'une personne à l'autre comme une balle de ping-pong, ou plus exactement comme une patate chaude, en me certifiant qu'on n'a jamais entendu parler de ces tests ou en me traitant gentiment comme une imbécile qui mélange tout! Heureusement, une biologiste m'écoute et tente de trouver des personnes capables de m'informer. Résultat: une femme médecin, dont j'ai aperçu le nom dans la documentation gouvernementale, me fait dire par sa secrétaire que les tests que je réclame n'ont existé qu'un certain temps et seulement sous forme expérimentale. Au gouvernement du Canada, on transfère de la même manière mon appel d'une personne à l'autre. Bref, je reviens à la case départ... À ce moment je reçois un téléphone de l'hôpital. Ma chambre est prête. Je dois laisser mes recherches en suspens.

* * *

Hospitalisée le 23 août 1993 pour une semaine d'échographies et de scanners, je n'ai pas la moindre idée de la surprise épouvantable qui m'attend! Mon chirurgien et son assistant entrent dans ma chambre. Aujourd'hui, ils ne sourient pas et semblent soucieux. On dirait qu'ils se sont fabriqué la même tête avant d'entrer! Je flaire la tuile... Ma tête bourdonne de questions anxieuses.

— Je viens de voir votre scanner du thorax... Il montre deux nodules au poumon gauche et quatre nodules au poumon droit.

Je suis atterrée. Je m'attendais à une tuile, mais tout le toit vient de me tomber sur la tête...

— À droite aussi maintenant? Donc, ça se propage... Apparemment, je produis des nodules comme du *popcorn*, partout aux deux poumons!

— Nous avons vérifié et ils sont tous en surface. Je n'ai pas à enlever de lobe. Je peux encore procéder par segmentations.

Je m'affole. Mes rayons X d'hier ne montraient qu'*un* nodule au poumon gauche... Seul, le scanner du thorax en détecte *six, aux deux poumons*! Je me mets à pleurer sans retenue et me fiche éperdument d'être vue dans toute ma fragilité. Je les regarde à travers mes larmes. J'observe la différence entre un chirurgien expérimenté, donc habitué à annoncer les mauvaises nouvelles et un débutant qui apprend à les dire. Mon chirurgien garde son sang-froid. Seul son front plissé et soucieux montre sa préoccupation. Il réfléchit à ce qu'il peut encore faire et dit:

— Si le scanner de l'abdomen que vous passerez demain se révèle négatif, je peux vous opérer en deux temps; d'abord à droite, pour enlever quatre «petits pois» et, après un délai de deux mois, je vous opère à gauche pour les deux autres nodules.

L'assistant est visiblement mal à l'aise. Je sens toute son impuissance face à ce qui m'arrive. Mais les deux médecins réagissent avec sympathie. Je pleure sans tarir:

— Non. Je refuse les opérations. Ce n'est plus la peine de se battre. Le cancer est trop bien installé maintenant... Tout ce que j'espère, c'est de retourner chez moi pour finir d'écrire mon témoignage sur le cancer et tenter de découvrir s'il est dû au silicone de mes prothèses mammaires. Si c'est le cas, au moins je mourrai avec la consolation de laisser mes enfants enrichis par les poursuites. (Je suis encore frappée aujourd'hui par cette stupide réaction: même morte, je souhaite encore être utile à ceux que j'aime!)

— Pensez-y encore avant de prendre une décision finale. Peut-être changerez-vous d'avis?

— Je ne crois pas. C'est tout réfléchi...

À ce moment, Paûl et deux amies de l'OMPAC, Rose Mary et Denise, entrent dans ma chambre les bras chargés de présents, de fleurs et d'attentions délicates. Pendant que les médecins sortent en douce, j'apprends à mes amis la terrible nouvelle et ma décision de refuser les opérations. Denise m'embrasse et me serre fort, ce qui me fait le plus grand bien. Nous pleurons doucement ensemble. Rose Mary me dit qu'elle ne me reconnaît plus, que je dois me battre. J'ai l'impression qu'elle me surestime! À ma grande surprise, ma voisine de chambre, une jeune femme dans la vingtaine qui se bat courageusement depuis des mois avec des solutés et des gavages, m'exprime franchement sa déception: «Voyons, Jacqueline, je te pensais plus forte que ça, ne refuse pas les opérations!» Et je vois Paûl qui se promène de long en large, déçu de ma réaction. Il veut me convaincre de supporter les deux opérations:

— La médecine t'offre de t'opérer. Tu peux encore vivre. Longtemps. Tu dois lutter. Tu te vois retourner chez toi et ne rien faire? Juste attendre la mort?

Là, il me touche. C'est vrai. Je ne m'imagine pas croiser les bras et attendre la mort... Même pas la «transformation». Je ne me sens pas prête. Pas encore. Je veux détendre l'atmosphère et, en riant, je dis:

— C'est bien simple, si je n'étais pas à l'hôpital, je me «paqu'tt'rais la fraise» avant de mourir...

Tout le monde rit. Par souci de discrétion, mes deux amies me laissent seule avec Paûl. Il m'assure de son soutien et de son amour et souhaite que je ne prenne aucune décision avant le lendemain. De toute façon, si le cancer est répandu dans l'abdomen, on refusera de m'opérer et la décision sera automatiquement prise. Sinon, pourquoi ne pas tenter le tout?

Rose Mary et Denise reviennent. Elles rapportent, joyeuses, une demi-bouteille de vin blanc, des verres de plastique et des tablettes de chocolat. On trinque à nos santés respectives. Quand elles partent, je me sens plus calme. Maintenant, je vais apprendre la nouvelle à chacun de mes enfants et voir leurs réactions. En fait, chacun réagit selon son tempérament: on me console, on laisse planer de grands silences impuissants et tendres, on pleure, on me défend de mourir avant de connaître tous mes petits-enfants, on raisonne logiquement. C'est toujours le «pourquoi ne pas attendre à demain pour prendre une décision?» qui me secoue le plus.

Le lendemain, on ne trouve aucune trace de cancer dans mon abdomen. Voulant m'épargner des souffrances, je m'informe auprès de mon chirurgien:

— Ne pourriez-vous pas m'opérer une seule fois? Entre les deux seins?

— Nous pourrions enlever quelques nodules par devant, mais deux d'entre eux sont trop en retrait vers l'arrière et le cœur gênerait les mouvements. Par le dos, on a beaucoup plus le champ libre pour travailler.

Je réalise alors que c'est probablement pour les mêmes raisons qu'on exécute les biopsies pulmonaires par le dos... J'apprends.

— J'ai souvent entendu: «Quand on ouvre, on met le feu dans le cancer.» Je crains qu'entre les deux interventions les nodules se propagent...

— Non, ce n'est pas mon avis...

Je pense: personne ne peut me le promettre! Mais je dis quand même:

— J'ai changé d'idée. Je vais subir les deux interventions.

* * *

Le lundi 30 août 1993, on procède aux quatre segmentations du poumon droit. Cette fois-ci, on m'injecte de la morphine dans la colonne vertébrale. Après l'intervention, je me souviens vaguement d'avoir aperçu Paûl. Il m'a dit plus tard que je lui avais souri en soulevant mon masque à oxygène. Je me rappelle seulement que durant les deux premiers jours, je ne souffrais pas du tout. Avec la morphine, une seule chose m'énerve: parfois j'oublie de respirer. Je crains de m'endormir et que personne ne se rende compte que je ne respire plus. Comme une longue apnée...

Au jour 3, on retire le drain de mon dos, la sonde de ma vessie, mais surtout, on remplace la morphine par la codéine. Là, je commence à dégeler! J'ai l'impression de tomber à toute vitesse dans un gouffre. *Soudainement, ça fait mal!*

Le pire, c'est le jour 4, quand la technicienne en inhalothérapie entre dans ma chambre et me force à tousser sans cesse et à souffler sur les maudites balles de plastique, puis à cracher. Un muscle sous mon sein droit se tord douloureusement. Je me sens écorchée vive.

* * *

Au bout d'une semaine d'hospitalisation, Paûl me ramène à la maison. Je bouge avec précaution. Je suis encore faible. Ce qui me préoccuppe le plus, c'est mon appétit qui ne revient pas à la normale, contrairement à ce qui s'est passé après les autres interventions. Est-ce l'effet de la morphine?

Une nuit, je perds l'équilibre. Je me rattrape péniblement du côté opéré. La douleur est insoutenable. Un mal aigu me tire des larmes. Je ne peux supporter que la position assise! À quatre heures, je téléphone à l'infirmière de nuit pour savoir si mon chirurgien est en salle d'opération le lendemain.

— Non. Il voit des patients en clinique externe.

J'attends jusqu'à huit heures pour laisser un message sur le répondeur de sa secrétaire:

— S'il vous plaît, qu'il me téléphone à tout prix!

Quand je lui parle enfin, je pleure encore de douleur. Il me rassure:

— C'est sûrement musculaire. Prenez des douches et des bains chauds. Un coussin chauffant devrait aussi vous soulager.

En effet, quelques heures plus tard, je reprends ma convalescence et ma remontée vers la Vie. Je reviens à mon régime Kousmine avec crème Budwig tous les matins et à ma survitamination. J'ajoute des comprimés aux «cartilages de requins» et à «l'écorce de pin» qu'on dit antimétastasiques. Au bout d'un mois, je flotte de nouveau. Je me sens très bien. Pleine d'énergie.

* * *

Durant les semaines de sursis entre les deux opérations, je poursuis mes démarches sur le silicone. Un laboratoire accepte enfin d'analyser les plaquettes et les blocs de paraffine prélevés lors de mes trois interventions. Je récolte moi-même aux départements de pathologie des deux hôpitaux concernés tout le matériel nécessaire et, le 21 octobre, sagement assise dans la cabine de pilotage d'un avion piloté par mon fils Yves, fière comme un paon, je vais moi-même livrer la marchandise à Québec. On m'annonce cinq semaines plus tard qu'on n'a décelé aucune trace de silicone dans ces prélèvements...

Pour bien me préparer à ma prochaine intervention, je reçois trois traitements d'acupuncture censés détruire les adhérences sous mes cicatrices et un traitement homéopathique antimétastases. Bref, tout ce qui me semble naturel et logique, je l'essaye!

À la fin d'octobre, j'attends un appel de l'hôpital pour la deuxième opération... Évidemment, je me pose des questions: est-ce que d'autres métastases se seront formées? Tous les autres tests seront-ils négatifs? En tout cas, j'ai le sentiment d'avoir fait tout ce qui était possible pour pouvoir envisager une plus longue rémission... Même si je sais bien, au fond de moi, qu'avec le cancer on ne sait jamais. En même temps je réalise que personne ne peut contrôler sa destinée et ce sentiment m'apporte un grand réconfort... Voilà un autre avantage d'une grave maladie: on prend conscience que, plongés dans le courant de la vie, nous sommes tous également impuissants à contrôler nos destinées. Pourquoi ne pas faire confiance au courant pour arriver à bon port?

Puis, le 2 novembre 1993, j'apprends une merveilleuse nouvelle qui vient couronner mon optimisme et ma grande envie de vivre: Marie-Gabrielle est enceinte. Ma plus jeune qui devient mère! Le bébé est prévu pour la mi-juillet. Oh! Comme je souhaite ardemment connaître cet enfant...

* * *

Je m'inquiète. M'a-t-on oubliée? Si je ne suis pas opérée au plus tôt, je ne serai pas suffisamment en forme pour Noël... Finalement, je suis hospitalisée le 4 novembre 1993. À ma grande surprise, on ne procède qu'à quelques tests sanguins et urinaires de routine. J'interroge mon chirurgien:

— Vous ne me faites pas passer un scanner du thorax pour vérifier si d'autres tumeurs sont apparues durant les deux derniers mois?

— À cause des quatre segmentations du mois d'août dernier, on pourrait confondre cicatrices en voie de guérison et tumeurs. On devra attendre au moins trois mois après cette deuxième intervention avant de procéder à un scanner du thorax «de base» qui servira de comparaison aux scanners subséquents.

Le 10 novembre 1993, je suis opérée au poumon gauche. La veille, mon chirurgien m'annonce qu'à cause des adhérences, il est fort probable qu'il doive m'enlever une côte et le lobe supérieur du poumon! Je pense: c'est le commencement de la fin... À la salle d'opération, un bel anesthésiste barbu me dit qu'il va m'endormir rapidement. Je lui demande si on m'injectera de la morphine dans la colonne vertébrale, comme la dernière fois. Il me dit que oui et je m'endors rassurée en imaginant un beau bébé... Celui de Marie-Gabrielle et Stéphane.

* * *

Contrairement aux autres fois, je me sens «très» éveillée et consciente. Suis-je encore à la salle d'op ou à la salle de réveil? Je reconnais toute la douleur causée par mon opération. Ce grand coup de hache au dos et la hache qu'on y a oubliée, me semble-t-il! Les larmes coulent abondamment sur mes joues et la rage du désespoir m'envahit. Tout le monde s'affaire autour de moi. À quelqu'un qui passe un peu plus près, je demande:

— Allez me chercher mon jeune anesthésiste.

Il arrive presque tout de suite.

— Qu'est-ce qui se passe, madame?

Je le regarde les larmes aux yeux:

— Vous ne m'avez pas donné de morphine comme prévu?

— Mais oui, exactement le même dosage que la dernière fois. Dans une minute vous ne sentirez plus rien.

Exact. Un merveilleux engourdissement s'empare de moi et je ne ressens plus aucune douleur. Ah! la morphine! Il me semble que je deviendrais aisément morphinomane. Pourquoi cet éveil si rapide? Je me perds en conjectures. Aux soins intensifs, où je dois rester quarante-huit heures, on me place dans une chambre à quatre lits. Des quatre patients nouvellement opérés, je suis la seule réveillée. Je regarde les trois autres tous endormis et engourdis... Le gros monsieur en biais avec moi, qu'on doit palanquer pour faire sa toilette. La vieille dame à côté dont je transmets les demandes et les plaintes à l'infirmière. Et l'autre vieille dame, devant moi, qui semble dans le coma et pour laquelle on s'inquiète plus particulièrement.

Ce soir-là, la veine qui transportait mon soluté éclate. Regarder mes bras est désespérant; encore une fois mes meilleures veines ont toutes déjà servi. On jurerait que je sors d'une piquerie! Comme mon appétit revient, je demande qu'on m'apporte un plateau de diète liquide... puis, j'en redemande un deuxième! J'ai tellement faim!

Pour cette dernière intervention, je profite du dosage idéal pour moi: une trentaine d'heures de morphine, quarante-huit heures de Démérol intraveineux, et finalement, quarante-huit heures de co-déine. Le jour 6, quand Paûl me ramène à la maison, je cesse de prendre toute médication et tout calmant. C'est très supportable. Seul mon appétit n'est pas revenu à la normale. Tout comme la fois précédente. Je pense vraiment que c'est attribuable à la morphine.

Jamais je n'ai récupéré aussi rapidement! Trois semaines plus tard, je pose seule mes décorations de Noël avec escabeau, marteau et égoïne! Je dois seulement me reposer souvent, n'ayant pas repris toutes mes forces. Parce que j'ai amélioré mon alimentation et continué ma survitamination, parce que j'ai porté une attention toute spéciale à éliminer le stress de mon quotidien et parce que j'ai accordé et accorde toujours la plus grande importance à ma démarche spirituelle, j'ai réussi à renforcer mon système immunitaire et à renflouer mon moral. J'étais incontestablement beaucoup plus forte qu'auparavant pour affronter ces deux dernières interventions.

Bravo! Les rayons X postopératoires se révèlent normaux et mon scanner de base du thorax est fixé au 2 février 1994.

À deux reprises, mon chirurgien m'offre d'inscrire mon nom sur la liste des patients susceptibles d'être traités à l'Interleukine 2, maintenant disponible au Jewish Hospital. L'Interleukine est utilisée pour deux sortes de cancer: mélanomes de la peau et cancer du rein. Je refuse. Ce traitement très toxique, tout comme la chimiothérapie, ne m'inspire pas confiance parce qu'il détruit à la fois des cellules malsaines et des cellules saines et affaiblit davantage le système de défense immunitaire. C'est la raison pour laquelle je crois plus aux traitements naturels. Je suis très consciente qu'il est peut-être moins cinq pour moi, mais j'espère toujours qu'on trouve un traitement qui empêchera l'arrivée de nouvelles métastases...

Pour l'instant, je m'en tiens à mon plan: régime Kousmine et survitamination, comprimés de cartilages de requins et d'écorce de pin. Si le scanner démontre l'existence de nouvelles métastases, je souhaite essayer le traitement intraveineux à la vitamine C comme ce patient de soixante-dix ans qui a subi l'ablation d'un hypernéphrome du rein (comme moi). Quand il a eu des métastases aux poumons et au foie, il a refusé toute intervention. Après seulement trois mois de traitement à la vitamine C, les tests ne montraient plus aucune métastase. Je n'irai vers un traitement à l'Interleukine qu'en désespoir de cause et seulement si aucun nouveau traitement naturel n'est trouvé.

Mon scanner du thorax du 2 février 1994 n'a montré aucun nodule. En rémission pour combien de temps, Jacqueline? J'ai profité de sept années de sursis... déjà! Cela m'aura permis, ainsi qu'à mon entourage, d'apprivoiser la transformation inéluctable. Pour le moment, je vis en savourant chaque seconde. Je souris et je chantonne tout bas:

«Que c'est beau, c'est beau la Vie!»...

Et comme le toit m'est déjà tombé sur la tête, je peux enfin respirer à pleins poumons en admirant la voûte céleste.

Huguette Trudel-Tardif

Labyrinthe

Merci à tous ceux qui ont cru en moi.

Merci à mes médecins qui, grâce à leur compétence, à leur persévérance et à leur dévouement, m'ont sortie de cet abîme.

Merci aux infatigables infirmières pour leurs bons soins et leur soutien moral dans les moments de détresse.

Merci à la psychologue qui m'a aidée à voir clair en moi.

Merci à la diététicienne qui m'a conseillée pour mon régime alimentaire.

Merci à mes patrons et à mes collègues de travail qui m'ont soutenue durant toutes ces années.

Un gros merci à mes amis et à toute ma famille qui ne m'ont jamais laissée tomber.

Et surtout merci mon Dieu d'avoir permis que je sois encore parmi les miens.

C'est grâce à toutes ces complicités que j'ai eu le courage de chercher sans cesse la porte de sortie de ce labyrinthe qu'est la leucémie...

Ce matin, je vais un peu mieux. Hier, après le travail, je me suis rendue à l'épicerie. À un moment donné, je me sentais tellement crevée que j'ai pensé abandonner le panier au milieu de l'allée et revenir à la maison. J'avais les jambes molles et n'avais plus aucune force. J'ai dû prendre mon courage à deux mains pour terminer mes emplettes. L'attente à la caisse m'a semblé interminable. Que j'avais hâte de retourner à la maison...

Je me sentais tellement faible et engourdie que j'avais l'impression de vivre dans un nuage. En cours de route, je me demandais: «Est-ce que j'ai fait mon arrêt? Dieu que je me sens perdue! J'espère que la lumière était bien verte!» Je ne sais pas trop comment je suis arrivée à destination sans accident. En rentrant, j'ai laissé mes sacs par terre et mon mari s'est chargé de tout ranger. Je me suis déshabillée. Je n'avais pas faim. Je me suis couchée pour la nuit. J'avais l'impression de fondre dans le matelas et n'osais même plus bouger tellement je me sentais lourde... J'ai dormi jusqu'au matin. Au lever, j'avais presque retrouvé la forme. J'ai fait ma toilette et entrepris une nouvelle journée de travail.

Ce scénario se répète de plus en plus souvent... Qu'est-ce qui m'arrive? C'est vrai qu'il y a beaucoup de travail au bureau. De plus, à la maison, il y a le mari, les enfants et la besogne quotidienne. Je suis tellement habituée à tout faire moi-même que je ne demande jamais rien. Je viens toujours à bout de tout! *Super Woman!* Mais j'ai moins d'énergie et c'est de plus en plus difficile. Quand arrive la fin de la journée, pourquoi suis-je si épuisée?

Je me dis qu'il faudrait bien que je consulte un médecin. Peut-être que des bonnes vitamines et quelques jours de repos me permettraient de récupérer et de retrouver la forme...!

En février 1988, je me rends finalement chez mon médecin de famille. Ma tension artérielle est trop haute. De plus, je traîne une bronchite depuis l'automne. Après m'avoir examinée, il propose de faire une série d'analyses sanguines afin de disposer d'un bilan de santé complet. C'est ce que je fais, à l'hôpital, quelques jours plus tard. Puis la secrétaire du médecin m'appelle et me demande de bien vouloir retourner passer les examens. Elle me dit que le médecin ne semble pas satisfait des résultats. Il y a peut-être eu erreur lors des prises de sang... J'ai beau chercher, je ne vois pas ce qui cloche. J'ai pourtant respecté à la lettre les recommandations. J'étais bien à jeun. Quelques jours plus tard, le médecin me téléphone lui-même:

— J'appelle pour vous donner vos résultats. Vous ne faites pas d'anémie, vos taux de cholestérol et de glycémie sont bons, sauf que le nombre de vos globules blancs est un peu bas.

— Qu'est-ce que ça veut dire?

— Votre système de défense est un peu faible. Cela arrive parfois. Peut-être souffrez-vous d'un virus. Souvent, après quelques semaines ou quelques mois, le taux de globules blancs revient à la normale. Je vous suggère de vous reposer un peu, de bien vous alimenter et, dans six mois, nous referons un autre examen.

Le temps passe et je me sens toujours fatiguée. Je prends donc quelques jours de vacances, mais je n'ai pas l'impression de reprendre des forces. L'été est très chaud et le mois d'août très humide. La chaleur m'incommode et je n'ai envie de rien, seulement de dormir.

De retour au travail, lors d'une journée de chaleur intense, je perds connaissance en servant un sociétaire de la caisse. À sa grande surprise, il me voit disparaître derrière le comptoir!

On me transporte à l'hôpital et le médecin conclut qu'une variation de tension artérielle a pu provoquer mon évanouissement. Après les prises de sang habituelles, il me demande de consulter mon médecin au plus tôt.

Quelques jours plus tard, sur la recommandation de mon généraliste, je passe une batterie de tests. Lorsqu'il m'informe du résultat, j'apprends malheureusement que mon taux de globules blancs a encore baissé et qu'il devra confier mon dossier à un hématologue.

— Un hématologue, qu'est-ce que c'est?

— C'est un spécialiste des maladies du sang.

— Pourquoi me faut-il le voir?

— Parce qu'il peut vous faire passer des tests plus approfondis afin de diagnostiquer l'origine de ce trouble sanguin.

— Qu'est-ce que cela peut être?

— N'importe quoi, je ne sais pas.

— Comme quoi, un cancer?

— Ce peut être n'importe quoi, même cela.

— Eh bien!... Ce ne sera pas grand-chose, vous verrez!

— J'ai demandé qu'on me fasse parvenir le diagnostic après que vous l'aurez rencontré.

Je suis très surprise et un peu inquiète. Je crois quand même que ce grand malaise est causé par un surcroît de travail et que tout rentrera dans l'ordre. À l'Hôtel-Dieu, hôpital que m'a chaudement recommandé mon généraliste, on me donne un rendez-vous pour la mi-novembre en hématologie.

Entre-temps, la vie continue; certains jours, je me sens très fatiguée, d'autres jours tout semble plus tolérable. Je suis confiante: ces spécialistes trouveront mon problème et le régleront au plus vite. J'ai de grandes plaques noires sur les cuisses et les bras; je me demande souvent où j'ai pu me frapper pour me faire ces ecchymoses. Mon médecin de famille me dit qu'elles sont dues à la fragilité des capillaires. Quelquefois, c'est gênant: certains bleus sont si apparents qu'on me pose des questions. Un médecin m'a même déjà demandé s'il n'y avait pas quelqu'un qui m'en voulait à la maison...

Aujourd'hui, il pleut, il vente, une vraie journée d'automne et à l'hôpital, j'attends patiemment mon tour. Enfin l'hématologue m'appelle et j'entre dans son bureau.

— Voyons ce qui vous amène ici.

Je lui présente les photocopies des résultats de prises de sang qu'on m'a faites ces derniers mois. Il les regarde attentivement et commence à me poser des tas de questions: comment cela a commencé, ce que je ressentais, ce qui m'a amenée à consulter un médecin, etc. Il me fait parler de mes parents, de mes frères et sœurs... de la vie que je mène, des enfants que j'ai eus, des maladies et des opérations que j'ai subies. Puis, il m'examine, essaie de palper les ganglions (pas de mauvais signe), vérifie la rate qu'il trouve un peu enflée. Il m'ausculte, fait un examen complet. «Pour le moment, il n'y a rien de vraiment spécial. Les globules blancs sont un peu bas mais ce peut être passager», me dit-il après que je me sois rhabillée.

— Est-ce qu'on vous a fait des prises de sang à votre arrivée?

— Oui.

— C'est drôle, on ne me les a pas remises.

Le médecin me reconduit vers la porte. Au moment où je remets mon manteau, l'infirmière arrive avec les résultats.

— Attendez un peu, je veux les voir.

Il les examine attentivement, me regarde et me prie d'enlever mon manteau. Je reviens m'asseoir. Je sens une chaleur m'envahir et mon cœur bat très fort. Il désire me réexaminer. Je trouve qu'il a l'air inquiet, comme quelqu'un qui se pose des questions, mais moi je n'ose pas lui en poser. Il baisse la tête et je reviens m'asseoir en face de lui. Il griffonne quelques lignes dans mon dossier et dit:

— Je crois que je vais être obligé de vous faire passer des tests plus approfondis. Vous ne m'aimerez sûrement pas, car ce n'est pas vraiment agréable.

— Quels tests, pourquoi?

— Je vais vous faire une biopsie de la moelle. Cet examen va nous permettre de faire un diagnostic plus précis afin de mieux vous soigner.

— Est-ce que vous savez ce que j'ai?

— Non, pas encore. C'est seulement après l'analyse du prélèvement que je pourrai vous en dire plus.

Je me sens très inquiète et j'ai peur. J'ai déjà entendu parler de biopsie de moelle. Ils en font aux enfants... j'ai tellement peur...

— Est-ce qu'il faut être hospitalisée pour l'effectuer?

— Non. Je vais vous la faire tout de suite si vous voulez. Je demande une technicienne et nous pourrons commencer.

— Non. Je crois que je vais attendre. Je vais en parler à mon mari. Je prendrai un rendez-vous.

— Je pense que vous seriez mieux de la faire tout de suite. Plus vite on trouvera ce que vous avez, plus vite on pourra vous soigner... Vous êtes déjà là.

— Je ne sais vraiment pas quoi faire. Vous me prenez au dépourvu... Si vous étiez à ma place, qu'est-ce que vous feriez?

— Moi, je ne suis pas malade, mais si vous étiez ma femme, je n'hésiterais pas. Je lui conseillerais de faire la biopsie immédiatement.

Je me mets à pleurer. Je pense à mon mari, à mes enfants. Je réfléchis quelques secondes... puis j'accepte.

Je sors de la pièce et j'attends dans la salle. Je suis très nerveuse. J'essaie de joindre mon mari à son travail, histoire de lui raconter ce qui m'arrive. Mais il est parti pour un bon moment. Je voudrais parler à quelqu'un. J'ai la gorge bien serrée. Mon cœur fait mille bonds dans ma poitrine. Je ne sais plus quoi penser.

Pendant ce temps, l'hématologue fait venir la technicienne. Quand elle arrive, il me fait entrer dans son bureau. Ils sont trois à m'attendre; une infirmière s'est jointe à eux. Je me déshabille en silence. Je me sens comme un soldat. Je sais que cela ne sera pas drôle, mais j'ignore ce qui va se passer.

Le médecin me réconforte et me dit qu'il fera de son mieux pour que je ne souffre pas trop. L'infirmière s'efforce de m'aider à me détendre. L'hématologue m'explique son intervention au fur et à mesure. D'abord, il me gèle. Il pique la peau, cela brûle un peu... Après plusieurs injections, il est assuré que l'anesthésie locale est efficace. Avec un trocart, il perce l'os iliaque. J'ai l'impression qu'il est en train de me visser sur la table avec un vilebrequin. Je pleure abondamment. J'ai tellement peur. J'ai les nerfs à fleur de peau. J'ai peine à me contrôler. Il essaie encore de me rassurer. Après avoir enfoncé cette tige, il me dit qu'il va tirer extrêmement fort pour arracher un morceau d'os. C'est comme se faire arracher une dent. Il tire tellement fort que mon corps se soulève de la table... J'entends un «crac»... et c'est fait! Je tremble de peur et pleure encore. Ensuite, il ajoute qu'il doit prendre de la moelle. Il m'avise que c'est la dernière étape de l'intervention. C'est très désagréable. J'ai l'impression qu'il tire sur un élastique. Tout mon corps se crispe et je crie de toutes mes forces... Je pleure comme une enfant. L'infirmière me lave la figure avec des serviettes fraîches. Elle me prend dans ses bras comme un bébé. Je crois que je ne serai jamais capable d'arrêter de pleurer tellement j'ai le cœur gros! L'infirmière me réconforte du mieux qu'elle peut. Ensuite, on me fait plusieurs prélèvements de sang, puis un frottis sanguin.

Je remets mes vêtements. Je ne sens plus ma hanche ni ma jambe droites. Mon rimmel a coulé et mes yeux sont rouges. J'ai déjà passé trop de temps dans ce bureau. J'ai hâte de partir. Le médecin me donne rendez-vous dans quinze jours pour le résultat des examens.

Il est tard quand je rentre au travail. Je ne savais pas ce qui m'attendait, ni que ce serait aussi long... À mon arrivée, je raconte mon aventure à quelques compagnes. Je me sens vidée... J'arrive difficilement à me concentrer et j'ai beaucoup de mal à travailler. J'ai tellement hâte que cette journée finisse! De retour à la maison, je raconte à mon mari ma journée à l'hôpital. Tout cela le surprend énormément. Ni lui ni moi ne comprenons ce qui se passe. Ce soir-là, je suis exténuée et me couche tôt. Les jours suivants m'apparaissent très longs. J'ai hâte de connaître les résultats, mais j'essaie d'oublier un peu ce qui m'arrive et la vie reprend lentement son cours...

Le jour du rendez-vous arrive enfin. Je demande à mon mari de m'accompagner. J'ai un peu la frousse... Et puis, si je dois subir d'autres examens, au moins je ne serai pas seule. À l'hôpital, l'infirmière m'appelle et me fait une prise de sang. Elle m'assure que je n'attendrai pas trop longtemps pour voir l'hématologue mais que l'entretien sera assez long, car il a beaucoup de choses à me dire. Au même instant, celui-ci me tape sur l'épaule et me dit en souriant:

— Bonjour, madame. Vous allez bien? Vous savez, la dernière fois qu'on s'est vu, on vous a entendu crier et ma journée s'est terminée assez vite; aucun autre patient ne voulait me voir... On m'a pris pour un vilain bourreau...

— Ah oui? Excusez-moi, je n'aurais pas voulu cela...

— Ne vous en faites pas, c'est plutôt drôle! Je vous verrai dans quelques minutes.

Et je retourne dans la salle d'attente rejoindre mon mari. J'ai hâte d'avoir les résultats et j'ai peur en même temps. Il me semble qu'il est impossible que ce soit grave. Tout va s'arranger. Je me sens nerveuse, j'ai mal au ventre.

Enfin, on m'appelle. Le spécialiste me reçoit chaleureusement avec un beau sourire. La situation n'a donc pas l'air trop tragique.

— Comment allez-vous? me demande-t-il.

— Je me sens très nerveuse, mais quand même assez bien dans les conditions actuelles.

— Si vous n'aviez pas eu de rendez-vous ici aujourd'hui, auriez-vous consulté un médecin?

— Sûrement, car j'ai toujours les mêmes symptômes. J'ai aussi très mal aux jambes, elles sont lourdes et j'ai également bien mal dans les genoux... J'ai beaucoup de difficulté à marcher.

Il me pose encore des questions sur ma vie de famille, mon travail et mes loisirs. J'en oublie presque la raison pour laquelle je suis venue le voir... Après un silence, il se met à tourner sur sa chaise. Puis, il prend un air un peu plus sérieux pour m'expliquer les résultats des examens. Il toussote, puis me regarde droit dans les yeux:

— Nous avons examiné la moelle et le petit morceau d'os pré-levé. Nous sommes cinq hématologues à être parvenus au même diagnostic. Ce n'est pas juste le mien. Il n'est pas facile d'accepter ce que je vais vous dire, mais pour le moment, il ne faut surtout pas vous affoler.

Mon cœur bondit rapidement dans ma poitrine et je sens monter une chaleur envahissante.

— Mais qu'est-ce que j'ai? C'est bien mystérieux tout cela.

— Eh bien! vous avez une tricholeucémie.

— Je ne comprends pas. C'est quoi, au juste?

— C'est une leucémie chronique...

— Leucémie! Comment? Moi? Vous êtes sûr?...

— C'est une leucémie à lymphocytes chevelus, une cellule dont les prolongements ressemblent à des cheveux. C'est ainsi qu'elle apparaît au microscope; c'est une leucémie très rare. Il n'y a qu'une personne sur un million qui en est atteinte et ce sont généralement des hommes.

Sur un papier, il fait un dessin pour mieux me montrer à quoi cela ressemble.

— Voyons donc! C'est impossible. La leucémie, c'est une ma-ladie d'enfants.

— Il n'y a pas que des enfants qui sont atteints de leucémie, des adultes aussi. Certaines sont aiguës, c'est-à-dire qu'elles peuvent être mortelles en quelques jours, semaines ou mois. La vôtre a été décelée à son tout début. Elle peut prendre beaucoup de temps à évoluer. C'est pour cette raison qu'elle est dite chronique. Vous pouvez vivre une vie presque normale avec cette maladie sans connaître trop d'effets indésirables durant plusieurs années...

Je ne comprends plus rien, je ne l'entends plus. Ce n'est pas moi qui suis là... J'ai l'impression que tout s'écroule autour de moi. Le médecin continue de me parler, mais je suis dans un grand vide en train de penser à mon mari et à mes enfants...

— Vous êtes sûr que vous ne vous êtes pas trompé? Vous par-lez bien de mon diagnostic à moi? C'est bien *mon* sang que vous avez vérifié? Il y a sûrement une erreur quelque part!

Après un moment de silence, je demande l'autorisation d'aller chercher mon mari dans la salle d'attente... Je pleure. Je me sens tellement seule. Je lui fais signe de me rejoindre puis il écoute reli-gieusement les explications du médecin et se met à pleurer.

Il n'y a pas actuellement de médicament spécifique pour cette forme de leucémie, nous dit le médecin, mais des recherches sont en cours. Lorsqu'il y a trop de risques pour le patient, on lui donne de l'Interféron, ce qui contribue à renforcer son système immunitaire. On peut également lui enlever la rate. Ce sont les deux traitements possibles. Plusieurs patients ainsi traités ont droit à une rémission. Pour le moment, je n'ai pas besoin de traitement, mais je subirai des tests régulièrement.

— Comment faire face à un diagnostic pareil? Je peux vivre combien de temps comme cela?

— La survie moyenne des patients est de huit à dix ans, parfois plus. Il y en a même qui meurent d'autres causes que leur leucémie. Soyez confiante! Il va y avoir de nouveaux médicaments. Il y a un traitement expérimental aux États-Unis. Il n'est pas encore disponible ici, mais peut-être que lorsque vous en aurez besoin, vous pourrez en profiter.

— Comment savoir que j'ai besoin d'un traitement? Vous vous basez sur quoi?

— Quand il y aura danger d'infection, nous interviendrons. En attendant, continuez à vivre le plus normalement possible. Je vous recommande de vous reposer et de bien vous alimenter. Profitez de tous les petits bonheurs de la vie. Tenez, un bon dîner en tête-à-tête avec votre amoureux et une bonne bouteille de vin vous feront du bien... Cela remonte le moral!

Nous repartons. J'ai les yeux rouges et mon mari aussi. Un grand silence règne. Nous avons besoin de digérer le tout. Je demande à mon mari de me reconduire au bureau. J'insiste. Je n'ai pas le goût d'aller à la maison. Je préfère aller travailler pour oublier ce qui vient d'arriver. Je veux parler à quelqu'un, mais pas à un membre de ma famille. Je veux ménager mes proches pour le moment. Les enfants sont jeunes; je ne me sens pas prête à leur annoncer la nouvelle. Je ne veux pas les inquiéter... Et j'ai le goût de crier...

Dès mon arrivée au bureau, je suis entourée. Depuis ma biopsie de la moelle, tout le monde s'inquiète pour moi. Après une quinzaine d'années ensemble, l'amitié est forte.

— J'ai la leucémie.

— Non, pas vrai, pas cela! Comment cela?

Je suis incapable de parler. J'ai une boule dans la gorge. Je me mets à pleurer. C'est comme si je venais d'apprendre que mes jours étaient comptés. La vie ne semble plus avoir aucun sens. Je me sens comme si je venais d'apprendre la mort de quelqu'un... Ma propre mort! Tout le monde pleure, me serre dans ses bras.

— Lâche pas, on est là.

— Tu vas t'en sortir, tu verras.

Il faut que je me raisonne; c'est tellement dur de passer des moments pareils. La journée s'éternise... Un véritable cauchemar. Après quelques minutes d'encouragement, on a repris le boulot. Je n'ai vraiment aucune envie de travailler, même si c'est un moyen d'oublier. Tout au long de ma maladie, mes collègues de travail vont beaucoup m'aider. Ils m'encouragent beaucoup: je veux leur prouver que je peux m'en sortir. J'ai un grand défi à relever et je ne me sens pas seule. Nous luttons ensemble. Ils m'ont dit: «On est avec toi, Huguette, ne lâche pas!»

Ce jour-là, le retour à la maison m'inquiète. Je ne veux rien dire afin d'éviter d'affoler les enfants. Cependant, mon mari a déjà mis ma mère au courant. Elle ne croit pas au diagnostic et affirme que les médecins se trompent parfois, et que je n'ai pas l'air d'une personne malade... En fait, j'ai rarement eu l'air d'une personne malade pendant toutes ces années. J'ai toujours souhaité que rien ne paraisse. Mon mari a également informé les enfants à mon insu. Manon vient d'avoir dix-sept ans. Il m'a raconté par la suite qu'elle a pleuré, crié, hurlé et tapé à grands coups sur les murs. Mais à mon arrivée, elle fait mine de ne rien savoir pour ne pas m'inquiéter. Michel a quinze ans. En apprenant la nouvelle, il est resté figé à regarder la scène de sa sœur. Puis, il a dit à Manon: «Voyons, arrête cela, tu vas lui faire de la peine, en plus, cela va l'énerver.»

Mon fils s'est réfugié dans sa chambre pour oublier sa peine devant son Nintendo. Longtemps après, il me dira qu'il a souvent pleuré en cachette. Il ne voulait pas que je m'en aperçoive de peur de me causer du chagrin. Son rendement scolaire en a pris un coup.

Au lit, ce soir-là, je pleure durant des heures. Je ne veux pas dormir. J'ai peur de mourir. Je ne veux pas éteindre la lumière. La noirceur me trouble. Enfin, je parviens à m'endormir. Je fais des cauchemars sans arrêt. Je vois du sang partout. Du sang me sort du nez, de la bouche; les murs en sont recouverts! Chaque fois, je me réveille en pleurant et mon mari essaye de me consoler, mais lui-même est très bouleversé. Je me répète ce que le médecin m'a dit: «C'est dur à prendre un diagnostic comme celui-là, mais vous verrez, d'ici une quinzaine, la vie va reprendre son cours et à mesure que le temps va passer, la douleur va s'amoindrir, vous reprendrez votre rythme de vie. Ce sera comme un mauvais rêve. Vous savez, on peut vivre même avec un tel diagnostic.»

Le lendemain, au travail, j'ai les yeux rougis d'avoir tant pleuré et si peu dormi! Durant l'avant-midi, je reçois un beau bouquet de fleurs de la part de la direction et des employés. Sur la carte on a écrit: «Un petit rayon de soleil dans ta vie. Passe une bonne journée.» Je suis très touchée par ce geste. Tout me touche beaucoup plus qu'avant; les mots n'ont plus le même sens.

Les jours se succèdent et je m'habitue à la situation. Je retrouve lentement le goût de vivre. J'évite de me trouver seule. Il se passe plusieurs jours avant que je sois capable de parler du diagnostic à ma mère, à mes sœurs et à mes frères.

Je suis souvent triste. En quelques semaines, je perds près de cinq kilos. Malgré la situation, je reprends la routine.

Devant l'insistance de ma mère, j'accepte de rencontrer un hématologue d'un autre hôpital qui m'a été recommandé par une infirmière, amie de la famille. Je subis encore une fois tous les examens y compris la biopsie de la moelle et réponds à toutes les questions. Après deux autres semaines d'attente, j'entends malheureusement le même diagnostic. Ma mère ne veut toujours pas y croire. Elle continue de répéter que c'est impossible. Le médecin m'explique ce qui va se passer. Je lui avoue alors que j'ai déjà subi des examens et que l'autre médecin m'avait annoncé le même diagnostic. Il me rassure; j'ai bien fait de demander un autre avis médical. Ce médecin se montre très compréhensif. Je décide tout de même de retourner à l'Hôtel-Dieu. C'était ma première idée, j'y ai été bien accueillie et je m'y sens en confiance.

Mon frère, qui s'intéresse à la médecine douce, me propose de voir une ancienne infirmière qui s'est recyclée dans le domaine de la polarité et de la réflexologie. Cette femme me dit que mon aura est grise. Elle voit également du gris vis-à-vis de mon foie et, sur ma tête, un sablier qui indique que j'ai encore plusieurs années à vivre. Comme j'ai mal aux jambes et aux genoux, elle me fait des cataplasmes de boue volcanique. La chaleur me fait beaucoup de bien. Elle me parle, me rassure et m'aide à me détendre. J'y vais deux fois par semaine pendant trois mois. Je pense que cela me donne beaucoup d'énergie mais chaque fois que je fais des tests, à l'hôpital, je suis déçue: mon taux de globules blancs descend toujours. Par contre, je me sens un peu moins fatiguée qu'avant.

Avec le temps, je parviens à parler à mes enfants. Je peux les encourager. En me voyant sereine, ils ont moins peur. Ils pensent que je suis guérie. Je suis d'excellente humeur, je chante, je fais des farces... Je ne veux pas qu'ils s'inquiètent et je réussis. J'essaie de surmonter mes moments de fatigue pour ne pas les énerver. Ma mère, quant à elle, me surveille de près. Elle m'aide et prend soin de moi pour éviter que je ne m'épuise.

Au cours d'une de mes visites mensuelles, l'hématologue m'annonce qu'il est temps de commencer la bataille. Mon système immunitaire est en mauvais état et il y a risque d'infection. Je fais de l'anémie. Je participerai à un protocole de recherche visant à découvrir, parmi deux médicaments, lequel est le plus efficace et présente le moins d'effets secondaires. Ces deux médicaments sont l'Interféron et le DCF. L'ordinateur indique que ce sera l'Interféron pour moi. Je reçois une brochure m'expliquant le but de l'étude en cours, la façon d'administrer le médicament, la durée du traitement et les effets secondaires. Les événements se précipitent. J'ai peine à y croire. La maladie a évolué beaucoup plus rapidement que je ne l'avais imaginé.

Le 4 avril 1989, je commence à recevoir les traitements à l'Interféron qui doivent durer un an. Ce médicament est administré trois fois par semaine, en injection sous-cutanée. Les premiers traitements me sont donnés à l'hôpital. Je ressens des effets secondaires importants, qui s'atténuent avec le temps. Quelques heures après le traitement, je fais de la fièvre, j'ai des maux de tête, des frissons, des courbatures. Après quelques heures, tout revient à la normale. Plus tard, une infirmière du CLSC vient à la maison. Elle me montre comment préparer mes injections et me les administrer. Je suis une bien bonne élève et en peu de temps, je parviens à me piquer comme une pro... Je me donne les injections le soir afin que les effets secondaires se passent le plus possible durant la nuit et que j'en aie moins connaissance.

Après un mois d'adaptation, je reprends le travail. J'ai des hauts et des bas. Je me sens faible et en plus j'ai la nausée. Je perds encore quelques kilos. Ma nouvelle silhouette me plaît beaucoup. Comme je me sens très fatiguée, je prends trois semaines de vacances. Je me repose mais je ne parviens pas à récupérer mes forces. Toutes les deux semaines, je me rends à l'hôpital. On ne trouve pas beaucoup d'amélioration dans ma formule sanguine. Il arrive parfois qu'un médicament ne soit pas efficace pour un patient. Il y a déjà quatre mois que je prends de l'Interféron. Je devais en avoir durant un an, mais je commence à connaître de plus en plus d'ennuis avec ce médicament. Mes nausées sont persistantes et en plus j'ai souvent des éruptions. Travailler devient pénible et un jour, après m'être assise, je me suis sentie tellement faible que j'étais incapable de bouger les bras et les jambes. Je me suis évanouie et on m'a transportée à l'hôpital. J'étais incapable de marcher, j'avais de la difficulté à parler et à expliquer ce qui se passait à l'infirmière qui me bombardait de questions. Un hématologue m'a examinée, a fait prendre des prises de sang. On a diagnostiqué une intolérance à l'Interféron, grades III et IV! On a mis fin immédiatement au traitement en cours. Je profiterai donc du DCF.

Au bout de quelques semaines, on commence un nouveau traitement qui devrait durer de six à neuf mois. Tous les quinze jours, on m'installe un cathéter, car le médicament est administré par voie intraveineuse. J'en ai pour quelques heures. Il faut trois solutés dont le premier est donné avant le médicament. Ensuite on injecte le DCF, puis on donne les deux autres solutés pour nettoyer les reins. Avant de m'injecter le DCF, l'infirmière me demande comment je me sens.

— Très bien, vous pouvez y aller, j'ai hâte d'être en forme.

Elle injecte donc le médicament...

— Ouf, cela brûle, on dirait... Cela brûle... je sens où le médicament circule, c'est chaud partout dans mon bras... mon ventre... je me sens tout drôle...

— Ah oui? C'est la première fois qu'on me dit cela...

— Je ne me sens pas bien, je me sens agitée... Voyons, est-ce que vous m'écoutez?

— Assoyez-vous ici, dit-elle en m'entraînant vers un fauteuil. Détendez-vous, prenez de grandes respirations. Vous allez voir, cela va passer.

— Ah! je l'espère, je n'aime pas me sentir ainsi...

Elle me quitte pour aller voir d'autres patients. Je me sens mal, angoissée... Je regrette que l'infirmière m'ait injecté ce médicament. J'étais pourtant très positive face à ce nouveau traitement. Je me sentais comme un soldat qui s'en va en guerre et qui n'a peur de rien, qui pense seulement à revenir fièrement après avoir sauvé sa patrie.

— Garde, je ne me sens pas bien.

J'ai l'impression qu'elle ne m'entend pas. Je n'arrête pas de m'étirer les jambes, les bras, je vois tout embrouillé. J'ai le goût de crier, de sauter... Ce doit être comme cela que se sentent ceux qui se droguent et qui font un «bad trip»...

— Garde, je ne me sens pas bien... Y a-t-il quelqu'un qui m'entend?

L'infirmière arrive. J'ai toute ma lucidité, mais je m'exprime difficilement... On dirait que ma bouche est paralysée...

— Je ne me sens pas bien... Faites quelque chose.

— Lisez un peu, détendez-vous... Écoutez de la musique... Cela va passer.

J'ai des nausées, on dirait que je ne maîtrise plus mes mouvements. Je bouge tout le temps. Je suis incapable de me concentrer... Je me sens très impatiente. J'ai hâte que cela finisse... Pour le moment, c'est l'enfer. Je veux aller aux toilettes. Je ne peux plus me tenir debout sur mes jambes. On dirait que j'ai des problèmes de coordination.

Après le troisième soluté, l'infirmière téléphone à mon mari pour qu'il vienne me chercher à la fin de la journée. Elle a attendu que le plus gros des effets secondaires ait passé...

Le retour à la maison est pénible. Je n'ai plus rien d'un soldat! J'ai besoin d'aide pour me déshabiller, aller aux toilettes... Je reste couchée jusqu'au lendemain matin. J'ai des nausées, je suis incapable de manger... Je vomis... Une vraie nuit d'horreur. Grâce aux médicaments qu'on m'a remis, les nausées cessent le lendemain, mais je suis encore très agitée. Deux jours plus tard, je décide de téléphoner à l'infirmière pour l'informer de cet état persistant. Le médecin me prescrit un calmant et tout rentre dans l'ordre.

La vie reprend son cours. J'ai cessé de travailler en raison du traitement. J'en profite pour me détendre, pour lire... Il fait encore beau en septembre. Les deux semaines passent assez vite et j'arrive à mon deuxième traitement. Je me motive afin d'être dans les meilleures dispositions physiques et psychiques possibles. Je me dis que ma réaction était probablement normale, étant donné que c'était la première fois. J'ose croire que ce sera moins dur cette fois-ci. Hélas! tout se passe comme la fois précédente...

Il faut vraiment vouloir s'en sortir pour passer à travers cela... Est-ce que j'aurai le courage de continuer durant neuf mois?... Mon Dieu, donnez-moi la force... J'ai vraiment peur d'en manquer.

Après quelques jours, je me rétablis et le goût de vivre revient. Je suis quand même chanceuse. Ce traitement de chimio ne me fait pas perdre mes cheveux. Cela vaut son pesant d'or! Rien de ce que je vis ne laisse de traces. Bref, je suis de bonne humeur et la vie est belle malgré tout. Je suis bien soutenue par mon mari, mes enfants, mes proches, mes compagnes et compagnons de travail. Sans eux, sans leur soutien, je manquerais de courage. Je veux prouver à tout le monde que moi, je m'en sortirai. Malheureusement, quelques amitiés s'effritent; certaines personnes redoutent les souffrances que le cancer apporte et se protègent en espaçant les contacts.

Quelques jours après le deuxième traitement, j'ai une petite éruption partout sur le corps et je souffre de démangeaisons. J'avertis l'infirmière qui s'occupe de la recherche. Elle m'apprend qu'une autre patiente qui reçoit du DCF a, elle aussi, eu des boutons. Après avoir procédé à une biopsie de la peau on a diagnostiqué que c'était dû à des piqûres de puces!

— Avez-vous des animaux chez vous?

— Oui, deux chattes, depuis huit ans. Mais elles ne sortent jamais dehors.

— Prenez un bain de bicarbonate. Cela devrait vous aider et probablement que cela passera. Si jamais les démangeaisons persistent, venez nous voir.

Ce ne sont sûrement pas des piqûres de puces dans mon cas! Je passe mon temps dans le bain. Je pense devenir folle tellement je souffre de démangeaisons. Je ne dors plus et me gratte au point de déchirer ma peau. Je suis rouge comme un homard. Le matin, quand je me réveille d'un court sommeil d'une heure ou deux, ma robe de nuit est collée à ma peau, prise dans le sang séché. Il fait encore chaud, pourtant j'ai toujours très froid. Je dors avec plusieurs couvertures et ne parviens pas à me réchauffer. Je pleure comme une enfant; je hurle tellement je suis mal dans cette peau de crapaud rugueuse et rougie par les grattements. La situation s'aggrave, mais tous les jours je me dis que demain cela ira mieux. Je n'ose pas appeler le médecin, de peur de déranger pour rien. Désespéré, mon mari m'emmène à l'hôpital. Il n'en peut plus de me voir dans cet état.

Je suis défigurée par les éruptions, faible et fiévreuse. Quand elle me voit, l'infirmière n'en revient pas! Je lui demande de me mettre à l'écart des autres patients, car je suis répugnante et gênée de la situation. Je rencontre l'oncologue dans les minutes qui suivent.

Il m'examine et semble très surpris. Il me fait examiner par ses confrères et ils se retirent pour discuter. Ils m'envoient consulter un dermatologue. Après une biopsie de la peau, on me promet les résultats dans quelques jours, mais le diagnostic se fait attendre plus que prévu...

Entre-temps, je demande un moyen de soulager mes démangeaisons, car je n'arrive plus à dormir. Il ne peut me prescrire aucune crème ou médicament avant le résultat des analyses. Je peux toujours prendre des antihistaminiques, mais ce n'est guère efficace; le prurit est trop intense. Une heure après avoir avalé ces pilules, je me gratte encore comme une déchaînée! Ma patience est à bout et je dois attendre jusqu'au lundi. Une fin de semaine horrible... Je pense même à mourir pour en finir. La fièvre m'a beaucoup affaiblie. Je suis de plus en plus dégueulasse à voir. Je suis toute croûtée!

Très tôt le lundi matin, je me présente à l'hôpital. On me couche sur une civière dans une petite cabine de dermatologie. Entre deux séances de grattage, je m'assoupis un peu. L'infirmière vient me voir à quelques reprises et m'encourage en me disant que les résultats arriveront sous peu. Il est midi. Le médecin arrive enfin, s'excuse du contretemps et, tout confus, m'avoue que ma biopsie a été perdue! À cause d'une grève, il y a eu des chambardements qui ont causé cet inconvénient.

— Vous n'êtes pas sérieux. Vous vous moquez de moi!... C'est pas vrai! Qu'est-ce que je vais faire? Pas encore attendre? Mais je n'en peux plus...

Le médecin procède à une seconde biopsie et m'assure que mercredi sans faute, j'aurai les résultats. Je ne sais pas comment je fais pour attendre encore... Je suis vraiment à la merci de tout ce qui se passe.

— S'il vous plaît, faites que cette fois-ci on ne perde pas mes échantillons. Je ne réponds plus de mes gestes. Je me sens désespérée. Donnez-moi quelque chose en attendant, je suis épuisée.

— Je ne peux vous donner que des antihistaminiques. Il faut attendre encore. Je ne peux vous traiter sans connaître le diagnostic.

Les médicaments n'agissent plus. J'en prends déjà depuis un bon moment et c'est comme si j'avalais des bonbons. Mais je m'encourage en me disant que dans deux jours on aura trouvé la source du problème. Évidemment, mon état est loin de s'améliorer. Enfin mercredi arrive. Les nuits sans sommeil m'ont rendue très impatiente et je fais des crises de larmes interminables. Je suis inconsolable. Le médecin se présente avec le diagnostic:

— Vous souffrez d'une intoxication aiguë au DCF. On met fin au traitement et je vous prescris une crème que vous appliquerez trois fois par jour partout sur votre corps. D'ici quelques jours, vous devriez constater une amélioration. Ne vous inquiétez pas, on va régler le problème.

Le simple fait d'appliquer cette crème à base de cortisone apaise déjà les démangeaisons. Comme prévu, après la troisième journée, les rougeurs s'atténuent et les démangeaisons diminuent graduellement. Je parviens enfin à me détendre et à mieux dormir. À mesure que mon état s'améliore, l'espoir revient et je reprends goût à la vie. Mais ma peau ne reprendra son apparence normale qu'après six semaines et tout ce grattage aura laissé des marques pour longtemps. On finit toujours par oublier l'intensité des mauvais moments...

L'oncologue m'annonce que je ne pourrai plus être soignée par ce traitement de chimiothérapie. Une dose de plus pourrait même m'être fatale. Je suis déçue et angoissée par le fait que je ne peux être guérie. Le médecin m'encourage et me dit que des recherches constantes sur la leucémie devraient me permettre de bénéficier d'un nouveau traitement sous peu. On continue à m'examiner régulièrement; on est à l'affût du moindre problème.

J'ai très confiance en l'équipe médicale qui s'occupe de moi. Je me sens en sécurité et je ne m'en fais pas trop malgré tout. Quand je ne me sens pas bien, je communique avec l'infirmière. Elle me conseille ou me réfère au spécialiste lorsqu'elle le juge nécessaire. Même les fins de semaine, je suis toujours bien traitée. On ne me fait jamais sentir que je dérange et, de mon côté, je n'abuse pas de la situation.

Ma famille et mes amis sont bouleversés parce que je ne peux plus recevoir de traitement... On me donne toutes sortes de conseils. Tout le monde veut tellement que je m'en sorte. On me propose mille et une médecines alternatives; je prends le maximum de vitamines que je peux absorber dans une journée et je suis une diète macrobiotique pendant un certain temps. Quelqu'un me recommande une personne qui affirme avoir la solution à mon problème. Elle dit pouvoir me guérir si je suis bien ses instructions. Premièrement: ne pas regarder la télévision ni utiliser mon micro-ondes afin d'éviter les ondes nocives qui pourraient contribuer au développement des mauvaises cellules. Elle me suggère de prendre chaque jour une trentaine de pilules — qui coûtent cher — pour redonner de la force à mon système immunitaire. Elle me persuade que je n'ai rien à perdre et qu'il n'y a rien de nocif dans son traitement puisque c'est naturel. Au bout d'une semaine, les démangeaisons reviennent de plus belle! La frousse m'envahit. Quand je l'avise des résultats, elle semble un peu surprise mais affirme que c'est le méchant qui sort de mon système. Encore en éruption, je me retrouve à l'hôpital bien gênée de raconter mon histoire au médecin. Il ne me blâme pas mais me recommande d'être très prudente face aux prétendus guérisseurs.

Je fais ensuite de la relaxation et de la visualisation; je prends des cours de connaissance de soi et de croissance personnelle. De plus, je deviens membre de deux groupes d'entraide: Virage et OMPAC. Je considère que c'est ce qui m'a le plus aidée. Le fait de pouvoir parler à d'autres personnes atteintes de cancer permet de surmonter plus facilement les moments pénibles. On se sent moins isolé et l'expérience des autres apporte beaucoup. Je n'ai pas peur de parler et je me sens écoutée.

Au mois de décembre 1989, je recommence à travailler à temps plein. Puis, en janvier 1990, je souffre d'une vilaine grippe accompagnée d'une bronchite. Mon système immunitaire est toujours déficient; mon taux de globules blancs est bas et je fais un début de pneumonie. Je me sens très malade. On m'hospitalise. Avant d'entrer dans ma chambre, on doit se laver les mains et revêtir un sarrau et des gants de caoutchouc pour me protéger contre d'autres infections. Je reste une douzaine de jours à l'hôpital et le médecin me prescrit un antibiotique. J'ai de nouveau une réaction très sévère et me retrouve avec une éruption sur tout le corps. Je suis encore toute croûtée et des démangeaisons violentes m'empêchent de dormir... Cette fois-ci, on m'administre rapidement les bons soins et une dizaine de jours plus tard je peux reprendre le travail.

Suit une accalmie d'environ neuf mois. Même si le dernier médicament n'a pu m'être administré complètement, ma santé s'est améliorée. On me considère en rémission partielle. Durant ce répit, je vis l'instant présent à plein! Je ne manque pas de m'amuser et profite de tous les petits plaisirs de la vie.

Mon état se détériore à nouveau durant l'automne 1990. J'ai la nausée à plusieurs reprises et je cesse de travailler pendant quelques semaines. Les premiers jours, je dors presque tout le temps. Je sens que je récupère. La nausée disparaît et je reprends mes activités normales. J'espère que c'est la dernière fois que je me retrouve dans cet état...

Hélas, à la fin de janvier 1991, je suis encore hospitalisée pour une bronchite avec complications. De toute évidence, c'est une récidive et les risques d'infections se multiplient. Mon médecin me propose un nouveau traitement: l'ablation de la rate qui ne fait plus son travail; mon sang est mal purifié. J'accepte en espérant que cette fois-ci sera la bonne.

Je veux vivre, d'autant plus que je vais être grand-mère... Ma fille va avoir une petite-fille au mois de mai! Manon et Benoit m'ont invitée à assister à l'accouchement. Je suis au comble du bonheur. Jamais je n'aurais cru recevoir une telle invitation. Je ne donnerais ma place à personne! Assister à la naissance de ce petit ange, c'est très important pour moi. Je ne vis plus que pour connaître ce moment... qui risque malheureusement de coïncider avec cette opération.

Le temps passe et je me sens plus faible. J'ai des «bleus» partout sur le corps. Je saigne fréquemment du nez, des gencives, du rectum. La leucémie suit son cours. Le médecin veut que je sois opérée au plus vite et moi je tiens à assister à l'accouchement de ma fille avant d'être hospitalisée. Mes rendez-vous sont de plus en plus rapprochés et à ma dernière visite, il s'inquiète que je ne sois pas encore opérée. Il ne comprend pas qu'on ne m'ait pas encore téléphoné. Je dois lui avouer avoir prétexté un empêchement de crainte de rater l'accouchement de ma fille.

— Où est donc cette future maman? Nous allons provoquer l'accouchement au plus vite sinon de bien mauvaises surprises vous attendent, dit-il en badinant.

Ma fille, qui est venue avec moi, en parle à son médecin qui accepte de provoquer son accouchement. C'est sans danger puisque le bébé est en retard. Le jour de l'accouchement, comme je m'y attendais, on me téléphone pour que j'entre à l'hôpital. Je refuse. Je ne veux pas manquer cet heureux événement et joue le tout pour le tout.

Le 15 mai 1991, à vingt heures dix, Valérie voit le jour dans ce merveilleux monde. Que d'émotions: voir sa petite-fille naître, entendre son premier cri, tenir dans ses bras ce petit corps encore tout chaud. Quel beau miracle de la nature! Mais voir sa propre fille souffrir, c'est très dur. J'aurais voulu prendre sa place pour l'aider à pousser et lui épargner les douleurs de l'accouchement. Nous goûtons des joies immenses. Nous pleurons de joie. Andrée, la mère de Benoît, est là aussi. Valérie a donc été accueillie à bras ouverts par son papa et ses deux grand-mères. Elle est déjà bien vigoureuse, débordante de santé... Quel cadeau du ciel... Cette vie si belle et si fragile à la fois. Maintenant que mon rêve est réalisé, je peux penser à l'opération: une nouvelle aventure pour survivre.

Quelques jours plus tard, j'entre enfin à l'hôpital. Je passe les examens nécessaires et les spécialistes viennent me voir tour à tour. Je suis prête, j'ai confiance quand, tout à coup, une frayeur m'envahit. J'ai peur de l'anesthésie, peur de ne pas me réveiller. Lors d'une hystérectomie pratiquée quelques années auparavant, mes poumons ont arrêté de fonctionner et le personnel médical a eu beaucoup de mal à me réveiller. Je n'ai jamais su ce qui s'était vraiment passé, sauf que l'anesthésiste avait eu la frousse! Il était venu me voir et semblait très fâché que j'aie omis de lui dire que j'étais allergique à certains médicaments! C'était ma première opération et j'ignorais complètement de quoi il parlait. Je crains que cela se reproduise. J'informe donc l'anesthésiste sur ce point.

Nous parlons beaucoup et il semble comprendre ce qui s'est passé. Il m'explique que les nouveaux anesthésiants sont améliorés. Il pense savoir quel produit a causé ma réaction et me promet d'aller chercher lui-même mon dossier à l'autre hôpital. Il me rassure et me dit qu'il sera là lundi matin pour l'opération, à moins que la fin de semaine soit très occupée parce qu'il est de garde. Je me sens en confiance avec lui; j'ai pu lui raconter toutes mes appréhensions.

Le chirurgien me décrit l'opération. Il palpe ma rate qui a beaucoup grossi. Depuis quelque temps, je sens une masse sur le côté gauche. Cela m'incommode. Même la nuit, j'ai l'impression que cette bosse pousse sur mon diaphragme et m'empêche de respirer normalement. Comme elle a déjà un volume impressionnant, il en profite pour la faire palper par des étudiants parce qu'ils n'ont pas souvent l'occasion d'en voir une comme cela!

Avant l'ablation, on me donne un vaccin afin de prévenir toute infection aux poumons, étant donné que la rate filtre le sang et sert à protéger le système respiratoire contre les virus.

L'hématologue vient à son tour et je lui avoue d'autres appréhensions. Je veux encore retarder l'opération. Il n'en est pas question. Il m'explique qu'il y a trop de risques maintenant. La splénectomie améliorera ma formule sanguine. Plusieurs patients connaissent une rémission à la suite de l'ablation de la rate et mon état s'aggrave de jour en jour. Je risque des problèmes de surinfection et d'hémorragies qui mettraient ma vie en danger. Je n'ai plus le choix.

— Tous vos examens sont passés. Vous êtes prête. Pourquoi encore retarder?

— J'ai fait faire ma biorythmie et on me suggère de retarder l'intervention puisque le 27 mai, jour prévu pour l'opération, c'est le point culminant d'une période critique…

Je n'osais pas raconter cette histoire au médecin, mais cette biorythmie a semé des doutes dans mon esprit et j'ai très peur…

— Vous savez, si vous êtes supposée mourir lundi, peu importe où vous serez, si c'est vraiment votre heure, vous risquez de perdre la vie autant chez vous, dans la rue que sur la table d'opération. N'oubliez pas, quand notre heure est arrivée, on n'est à l'abri nulle part. Faites-nous confiance. Tout va bien aller, vous verrez.

Je suis très fatiguée et me couche tôt. Je dois mettre de l'ordre dans mes idées. Je passe une nuit très étrange. Je rêve beaucoup et je pense même faire un rêve prémonitoire: je monte des escaliers en spirale à l'intérieur d'une cheminée qui est très haute. Il fait une chaleur accablante et je monte toutes les marches avec ma chatte Capucine dans les bras. Elle est très lourde et je suis épuisée. Je regarde vers le haut et je vois une lumière au bout de la cheminée qui m'emmène vers le ciel. En bas, à l'extérieur, mon mari, ma mère, mes enfants, mes compagnons de travail me demandent de redescendre.

La cheminée devient tellement étroite que je ne peux plus ni avancer ni reculer. Je suis étourdie, j'étouffe et ma chatte est bien pesante. Ma mère m'a dit un jour que ma chatte pourrait mourir parce qu'elle est trop grosse. Moi avec ma leucémie et Capucine avec son embonpoint, on s'est toutes les deux retrouvées dans ce couloir vers une lumière qui nous libérera de nos soucis...

— Je suis incapable de descendre. J'ai la nausée, j'ai peur...

— Descends. Ne regarde pas en bas. Respire lentement, descends, lentement, lentement...

Je suis tout en sueur et j'essaie de rebrousser chemin. J'entends en écho: «On a besoin de toi, on est tous là...» Je parviens à descendre marche par marche sans jamais regarder en arrière. Lorsque j'arrive en bas, à la porte, je suis gonflée comme un ballon. Tout le monde est là, rassemblé. Ils m'applaudissent et crient: «Bravo! bravo!»

Je m'effondre avec ma chatte et perds conscience pendant un moment. Lorsque je me relève, je me sens très bien. Tout le monde m'embrasse. Ils sont tous contents.

Ce beau rêve est très optimiste, il est à l'image de ce que je vis. Il colle à la réalité. Je me sens reposée et sereine. Je sais maintenant que je peux être opérée sans crainte. Je suis confiante et n'ai plus peur. Je suis même prête à mourir s'il doit en être ainsi et j'accepte l'opération sans arrière-pensée. Je me sens calme toute la fin de semaine. J'ai un poids en moins sur le cœur.

La veille de l'intervention, Marcel et les enfants viennent me rendre visite. La petite Valérie est là dans son panier. Manon la couche près de moi. Je lui tiens la main. Elle a la peau si douce. Elle dort calmement et sourit du coin de la bouche. Je suis contente que nous soyons tous réunis. Nous parlons peu et admirons plutôt notre petit trésor. Elle a tout juste onze jours... Le temps des visites est déjà terminé. J'ai le cœur gros.

Après leur départ, je me sens bien seule. Seule avec moi-même, seule avec mes pensées. J'étais heureuse. Nous étions si bien ensemble. Même si nous n'avons pas dit grand-chose, les gestes, les regards valaient mille mots.

L'infirmière me prépare pour la nuit. Je serai opérée à neuf heures demain. À mon réveil, je suis fraîche et dispose, bien détendue, prête à entreprendre une nouvelle expérience dans ma vie. L'infirmière m'apporte des pilules relaxantes. On me donne une injection et je pars pour la salle d'opération. En arrivant au bloc, je patiente quelques minutes et un médecin vient me voir.

— Bonjour madame. On est prête? Je suis votre anesthésiste...

— Ah non! Vous n'êtes pas mon anesthésiste. Je veux que ce soit l'autre. Vous n'êtes pas au courant de mon problème. Lui, il l'est. Il m'a promis qu'il prendrait certaines précautions, car j'ai déjà eu des complications lors d'une autre opération.

— Il n'y a aucun problème. Il m'a mis au courant et j'ai votre dossier.

— Non, non, il n'en est pas question. Il m'a menti. Il m'a dit qu'il serait là. J'ai peur. J'ai peur de mourir... Je ne veux pas.

Et sur ces mots, je descends de la table où l'on m'avait placée. Le médecin me rattrape, aidé d'un infirmier. Ils ont dû me donner une injection; aujourd'hui je ne me souviens plus de rien.

L'opération se passe très bien. On calcule de quatre à sept heures pour ce genre d'intervention. La mienne a duré quatre heures et demie... Toutes les précautions ont été prises et c'est un succès. Tôt le lendemain matin, l'anesthésiste vient me voir.

— Madame Trudel... Je suis votre anesthésiste. C'est moi qui étais là hier. Vous vous souvenez? Tout s'est très bien passé. Je suis ici pour vous rassurer. N'ayez plus peur. Vous avez bien répondu à la médication. Même si vous deviez subir une autre opération plus tard, tout est réglé et noté à votre dossier.

Je l'entends et fais des signes de tête pour lui montrer que je l'ai bien compris; je suis incapable de parler parce que je suis intubée. Je me sens un peu perdue. J'apprécie beaucoup cette délicatesse de sa part. Quel soulagement!

On me ramène à ma chambre vers quinze heures trente. Je suis très souffrante mais avec les médicaments antidouleur, c'est tolérable. Mon mari et ma sœur Lorraine sont là. Il paraît que je répète sans cesse:

— Est-ce que je suis morte? Est-ce que je suis morte?... Touchez-moi. Pincez-moi. Je ne sens rien.

Lorraine me répond que je suis bien vivante. Elle masse mes pieds gelés. Je crois que le rêve que j'ai fait m'a beaucoup perturbée...

Le deuxième jour, je suis plus réveillée. On me lève pour faire quelques pas. C'est toute une aventure et c'est très douloureux. Je retourne vite au lit. Ma chambre est remplie de fleurs offertes par ma famille et mes compagnons de travail. Je suis bien entourée par toutes ces personnes qui croient en moi et je suis sûre que je vais m'en sortir. Mon taux de globules blancs est plus élevé qu'il ne l'a été depuis longtemps, et pourtant il est encore loin de la normale. Le nombre de plaquettes augmente aussi et l'anémie disparaît. Je récupère bien et sens mes forces revenir.

Ma convalescence dure trois mois. En septembre 1991, je retourne travailler. Je suis encore une fois en rémission partielle seulement, car mon taux de globules blancs n'a pas atteint la normale. Déjà, à l'automne, il recommence à diminuer.

Parfois, je suis désespérée et m'inquiète. La fatigue s'installe encore. Je ne m'en sortirai donc jamais?... Je trouve de plus en plus difficile de travailler. J'ai beau limiter mes activités à la maison, il n'y a rien à faire... Je ne peux plus donner mon rendement habituel. Durant le temps des Fêtes, trois marques apparaissent sur mon pied. C'est douloureux quand j'y touche. Il semble y avoir de petites bosses. Mes jambes enflent beaucoup et je n'entre plus dans mes souliers! J'ai de la difficulté à marcher.

À la fin de janvier 1992, je décris ces symptômes à l'hématologue. Je lui souligne aussi l'immense fatigue qui m'envahit. Il m'envoie en dermatologie où l'on examine les nodules qui apparaissent maintenant aux jambes et aux pieds. On prend une biopsie. En attendant les résultats, l'enflure persiste même si je reste immobile, jambes étendues. La semaine suivante, on m'hospitalise pour me faire subir de nombreux examens. Les spécialistes se perdent en conjectures. Les résultats des tests ne sont pas concluants.

On procède également à une biopsie de la moelle: les mauvaises cellules sont en activité. Je suis donc en rechute. Il va falloir prendre d'autres dispositions en vue d'un éventuel traitement. Mais j'ai déjà épuisé la liste des traitements connus contre la leucémie qui m'affecte. Par chance, mon mari a eu vent d'un nouveau médicament expérimenté aux États-Unis contre la trycholeucémie. Mon médecin va s'informer à ce sujet.

Je retourne à la maison, mais mon état se détériore très rapidement. Je suis très faible et j'ai peur de ne pas m'en sortir cette fois. Je ne peux plus laver la vaisselle debout, je dois m'asseoir. Je ne peux marcher longtemps, je suis essoufflée. Je n'ai plus d'énergie. Même parler me fatigue. Je ne pense plus qu'à me coucher et dormir. J'ai peur quand je suis seule. Je me sens mourir. C'est pire que les autres fois. Je me sens coupée de la réalité et me recroqueville sur moi-même.

Je prends un autre rendez-vous en oncologie, c'est urgent! Je ne tiendrai pas le coup. Les bosses sur mes jambes et mes cuisses se multiplient... Le lendemain, l'attente à l'hôpital est longue et j'ai beaucoup de peine à me tenir assise sur une chaise droite. L'infirmière m'offre de m'asseoir dans un fauteuil plus confortable. Enfin, on m'appelle.

— Docteur, je vais mourir.

— Qu'est-ce qui se passe?

— Je ne sais plus, docteur, je me sens très faible. Croyez-moi, je vais mourir.

Le médecin demande aux infirmières et aux hématologues que j'ai rencontrés auparavant s'ils m'ont déjà vue dans cet état... Jamais! J'ai de la fièvre et mes jambes sont terriblement enflées, bleutées et orangées... On craint la septicémie. J'ai beaucoup de mal à exprimer ce que je ressens. Parler est devenu trop fatigant. On dirait que même mon cœur ne bat plus régulièrement. Le médecin m'examine et fait venir un confrère pour vérifier mon état. Ensuite, il prend la décision de me garder.

— On va vous chouchouter, on va s'occuper de vous.

— Je ne veux pas être chouchoutée. Je veux que vous trouviez quelque chose pour me soigner. Je suis découragée. Je veux juste guérir. Je me sens tellement malade...

On me trouve une chambre et on m'informe qu'on fera venir *le* médicament des États-Unis. Il n'y a plus de temps à perdre, mais des détails techniques en retardent l'arrivée.

En attendant, je fais beaucoup de fièvre et j'ai un mal de gorge étrange. Une douleur au cou m'empêche de bouger. On me donne des antibiotiques. Les bosses continuent à sortir. J'en ai sur le ventre, les fesses, les bras, je les sens très bien! On effectue d'autres biopsies. Après deux semaines, de nouveaux problèmes s'ajoutent aux premiers. J'ai de la difficulté à respirer. Je ne mange plus. Je fais une hépatite. Mes bras sont tout meurtris par les prises de sang. Je ne veux plus être piquée. Je panique chaque fois et les veines fuient. C'est de plus en plus difficile à supporter. Je ne voudrais pas être piquée même par un maringouin. Je suis à bout de souffle et le médicament se fait attendre. Si cela continue, il n'arrivera jamais à temps...

C'est la fête des Mères. Je voudrais aller à la maison. Le médecin n'est pas enthousiaste. J'insiste. Il tarde tellement à me donner sa permission que je ne l'obtiens que le dimanche midi. Je sortirai quelques heures seulement. Je ne dois pas me fatiguer, car le médicament vient d'arriver; on me l'administrera demain matin. Je suis contente d'être avec les miens. Puis, tout à coup, je me sens tellement faible que je regrette d'être sortie. Après le souper familial, Marcel me reconduit à l'hôpital. Je suis vidée et m'endors d'un profond sommeil. Enfin, c'est le grand jour. On commence par m'opérer pour m'installer un cathéter permanent: mes veines, plus assez bonnes, n'ont pas résisté aux nombreuses prises de sang.

Une véritable délégation arrive soudain dans ma chambre. L'hématologue, le pharmacien, la psychologue et l'infirmière en chef. On me présente le pharmacien qui préparera la solution. On me lit le formulaire d'acceptation du traitement que je signe immédiatement. On m'explique de quelle façon il me sera administré. Le traitement durera sept jours, vingt-quatre heures par jour, précisément vingt gouttes à l'heure. Pour avoir droit à ce médicament expérimental, on doit avoir reçu l'Interféron, le DCF, avoir subi l'ablation de la rate et être en rechute. Je remplis toutes les conditions! Je suis la patiente idéale. Je suis prête et je n'ai pas peur. Je ne perdrai pas mes cheveux. Je risque quelques réactions mais je peux compter sur l'équipe médicale pour contrôler la situation.

L'infirmière installe le soluté médicamenté. Il est onze heures. C'est un départ. Une journée et une nuit se passent bien, sans trop d'inconvénients. Je suis contente. Mais lorsque le soir revient, je me sens tout drôle. Je deviens très angoissée. Je sens mon corps très chaud. J'ai l'impression d'être en train de brûler! Je pleure, je crie. Je ne veux pas rester seule. Je veux voir le médecin.

— Je suis en train de me consumer dans mon lit!

Le médecin de garde me rassure. J'ai tellement peur de mourir. Je retiens l'infirmière. Je veux de la lumière. Je suis dans un état de panique. Je souffre atrocement.

— Ne me laissez pas mourir. Je ne veux pas être seule.

L'infirmière m'offre de téléphoner chez moi pour que quelqu'un passe la nuit à mes côtés. Je ne veux pas déranger mes proches. Je crains de passer pour une capricieuse. Il faut que je me raisonne...

Une vraie nuit de cauchemar... Le lendemain matin, j'ai le corps brûlé partout au deuxième degré à l'exception de l'intérieur d'une cuisse! Je suis rouge comme un homard qu'on vient d'ébouillanter. J'ai des cloches partout sur la peau. Mon corps est tout enflé. Cela fait peur. On n'a encore jamais vu une telle réaction à ce traitement. On m'étend alors une crème à base de cortisone trois fois par jour sur tout le corps, puis on m'enroule dans des serviettes humides, comme une momie. Après plusieurs jours, mon état s'améliore légèrement. Mais ma circulation sanguine est mauvaise; j'ai les pieds glacés. Lorsque je baisse mes jambes pour m'asseoir, mes pieds deviennent noirs. Je respire de plus en plus difficilement; les traitements d'inhalothérapie n'ont aucun effet. On me passe alors une bronchoscopie afin d'éliminer la possibilité d'une bactérie aux poumons.

Je me souviens que l'hématologue m'a dit juste avant de commencer le traitement que j'allais peut-être passer par le purgatoire.

Aujourd'hui, je peux lui dire que ce n'était pas le purgatoire, c'était l'enfer! Je veux déjà mettre fin au traitement, je suis tellement souffrante. Le médecin m'encourage jour après jour:

— Attendez encore. Prenez une autre dose. Donnez-vous encore une chance. Vous n'en avez pas encore assez pris. Il est très important de ne pas lâcher maintenant. Il faut continuer encore un peu...

Je n'en peux plus. J'ai tellement hâte que tout soit fini. Les heures et les journées n'en finissent plus. J'en perds des bouts: je ne sais même plus si c'est le jour ou la nuit! Quand j'ouvre les yeux, j'ai l'impression d'avoir dormi plusieurs heures d'un profond sommeil, mais je ne me suis assoupie que quelques minutes. Quand je sombre dans le sommeil, je fais souvent de drôles de rêves, comme celui-ci. Je suis au bas d'une glissade toute glacée. Je veux monter. Il n'y a pas de marches. Je me retrouve à quatre pattes, les doigts cramponnés à la glace. J'escalade la pente, puis je glisse. Je remonte encore un peu, je m'accroche de plus en plus. J'avance. Oh! Je glisse encore. J'essaie plusieurs fois. Je veux me rendre au sommet... Une autre fois, je rêve que je suis dans l'eau. Je ne sais pas nager. J'essaie péniblement de rester à la surface, puis je coule. Je refais surface... Je me réveille toujours avant d'avoir atteint mon objectif. Mon subconscient travaille fort même quand je dors. Il faut que je m'en sorte à tout prix. Je ne peux pas désappointer tous ces gens qui croient en moi.

Je suis «en isolation»: pas de fleurs ni de journaux, et mes proches ne peuvent rester que quelques instants. Seul un membre de ma famille reste à mon chevet vingt-quatre heures sur vingt-quatre. Manon passe la première nuit avec moi, mais elle trouve trop pénible de me voir souffrir. Une autre nuit, je fais peur à Lorraine. Je me mets à chanter et à réclamer des applaudissements. Elle croit vraiment que je suis en train de mourir ou de devenir folle. Mon frère Robert préfère passer les nuits avec moi, puisque de toute façon il est trop inquiet pour arriver à dormir. Il prend soin de moi comme si j'étais un bébé... Le fait d'avoir quelqu'un avec moi me rassure beaucoup mais le traitement est interminable et je ne suis pas sûre de tenir le coup.

Par moments je me sens tellement mal que je me laisse aller doucement. J'ai l'impression que c'est vraiment la fin... Je ne mange plus et n'ai plus le goût de combattre. Je suis fatiguée de cet éternel recommencement. La sympathique religieuse qui passe m'encourager chaque jour, voyant mon état s'aggraver, me suggère de recevoir le sacrement des malades. Ma première réaction est de refuser. J'imagine une cérémonie solennelle et lugubre réservée aux mourants. Elle m'explique patiemment que je n'ai pas à avoir peur, que cela ne fait pas mourir. Finalement, la compréhension et la patience de la religieuse m'amènent à accepter l'onction des malades... Je ressens un véritable apaisement par la suite.

Mon système immunitaire est complètement détruit par la chimiothérapie. En plus du cathéter installé en bas de ma clavicule, je reçois des transfusions sanguines dans un bras et des antibiotiques dans l'autre. Je ne peux donc pas plier les bras pour me moucher ou me gratter, car les aiguilles sont placées au niveau des coudes. Heureusement que ma famille ne me laisse jamais seule... De leur côté, les infirmières me stimulent et m'encouragent à continuer. Entre la dixième et la vingtième journée du traitement, habituellement, la moelle recommence à fonctionner. Tel que prévu, mon système se remet en route et mes formules sanguines s'améliorent de jour en jour.

Mais après avoir reçu des antibiotiques pendant plusieurs jours ma peau, déjà très affectée par la chimio, manifeste une violente réaction par des boutons et de l'enflure sur tout le corps. J'ai des démangeaisons atroces et je ne me reconnais plus. La peau de mon visage est tout étirée, mes joues sont enflées et on voit à peine mon nez. Je peux tout juste entrouvrir les yeux. Je suis toute gonflée; on dirait que je porte des mitaines. Je ressemble à Popeye! Qu'est-ce qui m'arrive encore? L'infirmière est toute surprise de me voir dans cet état. Elle veut replacer mes couvertures. Pour lui faciliter la tâche, je fais un énorme effort pour me lever. Mes jambes ont beaucoup de peine à me supporter. On dirait que mon cœur bat difficilement. Je suis étourdie, j'ai la nausée. Tout est embrouillé, puis je me sens partir... C'est le vide complet, le noir total... Lorsque je reviens à moi, je suis bien installée dans mon lit. J'entends l'infirmière m'appeler. Sa voix est lointaine. Elle me tapote la figure. Je voudrais lui faire signe que je l'entends, mais je suis incapable de réagir... Deux autres infirmières sont là. Après un certain temps, je parviens à communiquer avec elles... J'ai froid. Toutes ces serviettes humides sur ma tête et mes bras me donnent des frissons.

Un médecin a été demandé de toute urgence. L'hématologue entre rapidement dans ma chambre.

— Qu'est-ce qui se passe ici?

Il s'approche de moi pour me regarder. J'agrippe son bras anxieusement:

— Sors-moi de là. Je ne veux pas mourir. Vite. Je n'en peux plus!

— Je suis ton médecin et je vais te sortir de là. Aie confiance. Ne lâche pas.

— Vite, vite. Faites quelque chose.

Il m'examine et m'emmène immédiatement consulter des dermatologues. Puis, je passe un cardiogramme. Ma pression artérielle est basse et mon cœur ralentit dangereusement. Mon pouls descend en bas de quarante! Parler me fatigue. Le médecin me rassure:

— J'ai pris les précautions nécessaires au cas où votre pouls descendrait trop bas. C'est pour cette raison qu'on prend vos signes vitaux toutes les heures.

Je lui fais confiance et me sens en sécurité. Je n'ai pas peur.

Après s'être consultés, les dermatologues décident de m'administrer des stéroïdes. Vers la fin de la journée, l'hématologue vient m'informer des décisions prises.

— Nous allons vous donner du Décadron par voie intraveineuse pour commencer. Il y a cinquante pour cent des chances que cela donne de bons résultats.

— Non, cinquante et un pour cent. Allez-y. J'ai confiance et je suis prête à tout.

— Vous allez probablement ressentir un état d'euphorie et de bien-être. Vous aurez par le fait même l'impression d'aller mieux. On essaie?

— J'ai hâte d'être mieux. Je n'ai plus rien à perdre. Allez-y.

Quelques minutes plus tard, on m'injecte le médicament. En même temps, on me donne un diurétique. Après seulement quelques heures, je constate une légère amélioration. J'évacue le surplus d'eau de mon système et l'enflure diminue lentement. En quatre jours, je perds presque dix kilos d'eau! Je deviens toute ratatinée. De longs sillons se creusent dans mon visage. On dirait que j'ai quatre-vingt-dix ans. Et mes jambes! Des bâtons qui ont perdu tout galbe. Je ne les ai jamais vues aussi décharnées. Le fait d'être restée si longtemps alitée a atrophié tous mes muscles.

Le médecin avait raison: l'euphorie s'empare de moi. Je déborde de vitalité, je parle fort, je ris, je raconte des blagues. Je veux me lever, je m'étire. Bref, je ne tiens plus en place. Je suis incapable de dormir tellement je me sens fébrile et survoltée.

Ma sœur Danielle, qui passe cette nuit-là avec moi, n'en revient pas. Je veux prendre un bain à tout prix; mes cheveux sont gras et je me sens repoussante. L'infirmière accepte à la condition que je ne sois pas seule. C'est toute une aventure parce que j'ai des plaies à une jambe et à un bras et, à cause des compresses, je ne peux mettre ni la jambe gauche, ni le bras droit dans l'eau! Je dois aussi éviter de mouiller le cathéter... On réussit tant bien que mal à m'installer dans le bain et un bon lavage de cheveux me rafraîchit les idées. Que c'est agréable après dix jours de toilette au lit! Je me sens tellement mieux que mon moral s'améliore énormément. Cette nuit, tout est drôle; je n'ai jamais autant ri de ma vie.

De plus, une incroyable fringale s'empare de moi. Je me fais même livrer une pizza à deux heures du matin. Malheureusement, je n'ai jamais pu la manger. J'ai oublié que les traitements de chimio ont rendu mes muqueuses fragiles. J'ai la bouche en feu! Je ne peux que la humer et laisser les infirmières la déguster à ma place.

Lorsque l'infirmière passe pour une prise de sang vers cinq heures, le cathéter ne fonctionne plus! Impossible de l'hydrater, impossible de tirer une goutte de sang. Trois infirmières essayent de le faire repartir mais sans succès... Elles parlent d'appeler un médecin d'urgence, car il est possible que je doive être opérée. Je suis tout en sueur. Je ne ris plus et j'ai la frousse.

— Essayez encore, voyons; il faut que cela débloque.

Ouf! Dieu merci, cela fonctionne enfin. Mon cœur s'affole; je ne sais plus si je dois rire ou pleurer... La fatigue est à son comble et, au petit matin, je finis par m'endormir profondément.

Le lendemain et les jours suivants, je suis toujours surexcitée. Je ne tiens pas en place et parle tout le temps. J'ai tant de choses à dire! Mes forces reviennent graduellement et mon taux de globules blancs augmente. Je ne suis plus en isolation.

Un soir, on se retrouve une dizaine dans ma chambre. Le médecin arrive.

— Qu'est-ce qui se passe ici? Vous n'êtes pas raisonnables. Ce n'est pas une grippe qu'elle a cette patiente. Je vais devoir interdire les visites.

Mes visiteurs quittent la chambre. Je suis très fâchée et laisse voir mon insatisfaction à mon médecin. Mais au fond, après mûre réflexion, je sais bien qu'il a raison.

J'ai un appétit vorace et rêve constamment de bonne bouffe. Je ne suis jamais rassasiée. Je mange tout le temps. En plus des repas, je demande à mes proches de m'apporter des choses à manger. Comme un écureuil, je me cache des réserves. Je suis obsédée par l'idée de manquer de nourriture. Je trouve cette faim insatiable pénible à supporter.

Je peux maintenant me promener et tous les jours, maman et moi arpentons les longs corridors. Après chaque prise de sang, je suis agréablement surprise: mon taux de globules blancs augmente lentement. Je suis contente et me sens tellement mieux. De jour en jour, je vois des changements. J'ai le goût de crier mon bonheur. Mon épiderme s'améliore. Ma peau s'est desquamée comme si j'avais eu un gros coup de soleil. La peau de mon visage est devenue belle et satinée. Mon corps est tout dégonflé: je me trouve très petite maintenant. On dirait que je vis un rêve... Je me pince pour vérifier que je suis bien là... *vivante*... Les spécialistes sont épatés par les grands progrès qu'ils observent tous les jours.

L'hématologue m'avait expliqué que le traitement brûlait les cellules cancéreuses là où elles se trouvaient. Ma leucémie ayant atteint le niveau de la peau, c'est donc là que les cellules ont «brûlé»... Il ne croyait pas que la maladie avait autant évolué. Il était très surpris. Le dermatologue, quant à lui, m'avait annoncé que les cicatrices dues au traitement prendraient une bonne année à guérir, mais au bout de trois mois, je n'en vois plus aucune trace. C'est bon signe.

Je garde toujours le moral. Je suis très confiante et positive. Je lutte fort pour me sortir de ce labyrinthe qu'est mon cancer. Même quand je dors, mon subconscient prend la relève et ne lâche pas. Une nuit, à la fin du traitement, je rêve que je fais un voyage à l'intérieur de mon corps et que mon ventre est un salon de coiffure. C'est plein de petits cheveux partout sur le plancher. Je les ramasse avec un balai et un porte-poussière. J'en remplis même une poubelle. Mais il n'y a aucune porte pour sortir ces déchets. Au microscope, mes cellules leucémiques apparaissent chevelues. Dans ce rêve, elles sont détruites et ont perdu la bataille. Mais les résidus sont encore là. Je raconte mon rêve à un hématologue et il m'encourage à trouver une façon de m'en débarrasser. Il m'affirme être convaincu que je suis guérie.

Je suis hospitalisée plus de deux mois. Manon m'aide et m'encourage beaucoup. Par la force des choses, mon fils et mon mari deviennent de plus en plus autonomes: Michel est en charge du ménage et Marcel s'occupe de la popote. Lui qui n'avait jamais cuisiné de sa vie! Cette expérience dans ma vie me fait découvrir mon mari et mes enfants sous un autre angle. Je peux me permettre d'être un peu moins à leur service et ils me font profiter de ce qu'ils viennent d'apprendre.

Enfin, on enlève mon soluté et je peux sortir. Je me sens renaître... Une dernière biopsie de la moelle... Résultat: plus de cellules cancéreuses! Je suis en rémission... La première depuis quatre ans! Je savais que je m'en sortirais. J'avais confiance en ce médicament; il me semblait qu'il était fait pour moi.

Le vendredi 12 juin 1992, je sors de l'hôpital. Les adieux sont difficiles. Les infirmières ont été si bonnes pour moi. Je les embrasse. J'ai le cœur serré. Je suis persuadée qu'une rémission est un travail d'équipe. Le médecin applique sa science, appuyé de tous les autres intervenants de la santé, Dieu donne le courage de passer à travers la maladie et le patient croit en sa guérison. Ce ne fut pas facile de vivre une telle épreuve. J'ai souvent eu l'impression de faire face à une montagne insurmontable. Mais il ne faut jamais se décourager. Il faut plutôt croire en la vie, croire en notre pouvoir de guérisseur.

En sortant de l'hôpital, je convaincs mon mari de faire une escale au bureau. J'ai tellement pensé à mes collègues durant mon hospitalisation. Si j'ai gardé le moral pendant tout ce temps, c'est en grande partie grâce à eux et à leurs nombreux messages d'encouragement et de prompt rétablissement. Retourner travailler est devenu important pour moi. C'est un signe de santé, d'avenir qui redonne un sens à la vie. Durant ces années où je suis revenue périodiquement au travail, mes patrons m'ont beaucoup encouragée. Ils m'ont dit de prendre le temps qu'il fallait: ils m'attendraient. Ils sont très humains et j'ai beaucoup apprécié leur délicatesse. La guérison est certainement plus facile lorsqu'on est assuré de retrouver son travail. Je me sens tout drôle en leur présence. Ils sont tout surpris de me voir. De me voir là! Ils n'en croient pas leurs yeux... J'ai l'impression d'être une apparition.

À la maison, on m'attend à bras ouverts. Même les chattes miaulent. Je me sens bizarre dans ces nouvelles dimensions: la maison est petite quand je la compare aux longs et hauts corridors d'hôpital.

La vie reprend lentement son cours. Je m'épuise encore vite. Par contre, je suis tellement pleine d'énergie par moments que j'ai l'impression de n'être plus malade. J'abuse même un peu de tout. Mais je suis en convalescence; mes forces ne sont pas inépuisables. Je dois apprendre à vivre autrement. C'est si facile de reprendre les habitudes qui nous ont rendu malades! Aujourd'hui, quand j'entreprends trop de choses à la fois, j'en ressens tout de suite les contrecoups.

Ma longue convalescence est entrecoupée de toutes sortes de malaises. Quelques jours après ma sortie de l'hôpital, je dois consulter à nouveau un médecin et entreprendre une série d'examens. J'ai de la difficulté à marcher et j'utilise une canne durant plusieurs semaines. Mon système a été si ébranlé par tous ces traitements qu'il réagit continuellement. Je récupère constamment malgré tout. Puis, un zona à la figure vient m'exaspérer. Je suis encore hospitalisée une dizaine de jours à cause d'une réaction allergique au Zovirax: enflure et pustules. Je n'en peux plus de souffrir. Même en rémission, chaque fois que je ne me sens pas bien, je crains toujours la rechute. Je suis dans un véritable état de choc chaque fois qu'une nouvelle complication me tombe dessus. D'autant plus que les médicaments que mon corps peut accepter sans problème sont très rares. Ma vie est devenue un combat incessant. Le comble, c'est que je perds maintenant mes cheveux. Je ne comprends plus rien. Le traitement de chimio est pourtant terminé!... Les médecins m'expliquent qu'il n'est pas rare qu'après une grave maladie et beaucoup de souffrances, certains patients perdent leurs cheveux. Au bout de trois mois, heureusement, ils repoussent plus épais et plus forts qu'avant.

Parfois, je me sens encore comme dans le fond d'un gouffre et je pense que je ne m'en sortirai jamais. L'espace de quelques instants, j'ai même le goût de mourir. Mais je me secoue et je pense à tous ceux qui ont besoin de moi et l'énergie revient. Est-ce possible de devoir passer par tant de souffrances pour enfin apprécier la vie?... J'avoue que j'ai eu besoin d'aide psychologique. J'ai trouvé tant d'appui auprès de la psychologue du département d'oncologie de l'hôpital...

Après sept mois de récupération, je recommence progressivement à travailler. Je suis au comble du bonheur. Une nouvelle vie commence pour moi. Mais je me rends compte que mes fonctions ont changé. Je ne suis plus sûre qu'on s'attendait que je reprenne le travail après cinq ans d'absences sporadiques... Malgré que je comprenne très bien la situation, je suis bouleversée quand même et je ressens une certaine insécurité. Très combative de nature, je dois maintenant prouver que je suis prête à affronter de nouveaux défis.

Mais la première année au travail a été difficile. Malgré ma rémission, ma santé est chancelante et je dois m'absenter à plusieurs reprises pendant une certaine période. J'exige probablement trop de la vie! Je veux tout. Je ne veux rien manquer et j'ai beaucoup de difficulté à faire des choix. Mais je ne fais plus de projets à long terme. Je préfère vivre le moment présent. Vingt-quatre heures à la fois me suffisent pour être heureuse.

Dans les moments pénibles, à bout de souffle, il m'arrive de me sentir découragée, car le combat que je livre dans l'arène de la vie est difficile à gagner. Il me semble que c'est une lutte sans fin: un match à plusieurs rounds. Mais dans le fond, je ne désespère jamais. Je cherche toujours la lueur d'espoir. Je suis persuadée que c'est ce qui me tient en vie. Je prie beaucoup aussi. Plusieurs personnes prient aussi pour moi. Présentement, je n'ai plus aucun symptôme de la maladie. J'ai accouché d'une nouvelle vie et je suis heureuse, entourée de ma famille et de mes amis. Croyez-moi, je l'apprécie cette Vie.

Marcel Aubuchon

Vouloir vivre

Je remercie chaleureusement l'OMPAC, particulièrement la directrice, madame Marina Turcotte, et l'intervenante, madame Christiane Naud.

Le cancer s'acharne autour de moi depuis plus de quarante ans. En 1953, ma première épouse, Angéline, a été hospitalisée pour un cancer de l'intestin. On l'a gardée quatre mois et demi à l'hôpital Notre-Dame… Puis, elle est morte, me laissant complètement désemparé. Je suis resté seul avec nos deux jeunes enfants: un petit garçon de sept ans et une petite fille de cinq ans.

Comme je devais travailler, j'ai dû placer mes enfants en institution. J'ai vécu péniblement l'éclatement de ma famille et la séparation d'avec mes enfants. De leur côté, ils ont perdu du même coup leur mère et leur vie familiale. Évidemment, ils réclamaient souvent leur mère… Que dire? Je répondais à leurs questions de mon mieux…

Le temps a passé. Un soir, sortant du presbytère, j'ai croisé une jolie jeune femme aux yeux bleus qui me regardait en souriant. Nous n'avons échangé qu'un amical bonjour… Mais peu de temps après, cherchant à briser ma solitude, je me suis joint à un groupe d'économie familiale. J'y ai remarqué tout de suite la présence de la jeune femme aux yeux bleus… Après deux ans de veuvage, j'ai épousé Gilberte, une veuve ayant trois enfants: une jeune fille de treize ans, une autre de onze ans et un garçon de huit ans. Trois ans plus tard, le 1er mars 1958, nous avons eu une belle petite fille.

J'ai côtoyé le cancer à plusieurs reprises dans ma vie. En une quinzaine d'années, quatre proches sont morts de cancers du côlon, du pancréas, du sein et de leucémie… Avant les années soixante, il n'y avait pratiquement pas de rémission ou de guérison: le cancer tuait à tout coup! Avec le recul, je me rends compte que les nombreux cas qui se sont trouvés sur ma route m'ont graduellement préparé à accepter cette maladie et à la combattre.

Et voilà que de 1971 à 1980, l'histoire s'est répétée. Ma seconde épouse, Gilberte, a été hospitalisée une dizaine de fois. Elle a subi plusieurs opérations dont l'une pour un cancer de l'utérus. Elle vivait dans la crainte perpétuelle du cancer, puisque trois de ses frères et sa sœur sont morts de cette envahissante maladie… Quand le cancer m'a frappé à mon tour, j'étais donc le septième de mon entourage à être atteint. On ne peut pas dire que j'ai été pris par surprise!

Chute de santé

J'ai passé quarante-sept ans de ma vie à trimer dur pour ma famille et, comme trop d'ouvriers de ma génération, j'ai dû me contenter de maigres salaires. Durant toutes ces années, la pensée de perdre mon emploi m'a constamment hanté...

J'ai pris ma retraite le 22 février 1980, à soixante-cinq ans. On me traitait depuis un certain temps pour des douleurs à l'abdomen... sans résultat. À la fin du mois d'août 1980, je me suis aperçu que si je ne changeais pas de médecin, mes jours étaient comptés! Ma souffrance était devenue intolérable; il fallait absolument en diagnostiquer la cause.

Je me présente donc à l'urgence de l'hôpital Charles-Lemoyne. Après un court examen, on m'hospitalise soi-disant pour trois, quatre jours. Mais on me dit du même souffle qu'on va me trouver un bon chirurgien! Je comprends tout de suite que mon séjour se prolongera... Je passe une batterie de nouveaux tests et on me garde en observation. Un bon soir (est-ce vraiment un bon soir?), on vient m'apprendre que je vais être opéré le lendemain!

Le 9 septembre 1980, à dix heures du matin, on m'emmène à la salle d'opération... *et je me réveille durant l'intervention!* Je n'ose bouger ou montrer que je suis conscient. Je pense immédiatement: «Ils ont fait une erreur, ce n'est pas normal!» Un médecin regarde dans le gastroscope et un autre s'affaire dans mon ventre. Comme l'intervention est télévisée en circuit fermé pour le bénéfice d'autres médecins, je les vois très bien dans le moniteur. Puis je perds conscience à nouveau.

Le soir suivant, le chirurgien dit à mon épouse:

— C'est une très grave opération. Nous avons dû lui enlever les trois cinquièmes de l'estomac pour parvenir à le débarrasser de la tumeur maligne qui le bloquait.

Je souffre le martyre. Ce n'est pas l'opération en soi qui est la plus grande cause de ma souffrance, c'est la suture. On a utilisé un fil semblable à du fil à pêche (!) et quatre objets en plastique blancs servent à pincer la plaie. Ces choses blanches ressemblent étrangement à ces longues cuillères de plastique que l'on place dans les verres pour brasser les consommations. Elles dépassent d'environ dix centimètres de chaque côté de la suture... Après cette première intervention, je me sens plus mal qu'avant! Je reste presque un mois à l'hôpital.

J'y retourne pour être opéré une deuxième fois, le 25 novembre 1980. On m'enlève alors le reste de l'estomac et j'ai droit à la même affreuse suture! Y a-t-il eu une erreur ou était-ce prévu de procéder en deux temps? Je me pose encore la question. Tout ce que je sais, c'est qu'entre les deux interventions je vomis le peu de nourriture que je mange et je maigris à vue d'œil.

Au cours des deux jours suivant la seconde opération, je suis tellement drogué que je n'ai pas connaissance de grand-chose. Ensuite je passe la nuit la plus atroce de mon existence. Pendant que les effets de l'anesthésie s'estompent et que la douleur prend toute la place, des incidents stupides m'empêchent de trouver le calme dont j'ai tellement besoin. La colonie artistique au complet se promène bruyamment toute la nuit dans le corridor parce qu'un artiste victime d'un accident est aux soins intensifs. Mais le pire, c'est qu'un employé de l'hôpital transporte de la marchandise avec un chariot à roues ferrées jusqu'à quatre heures! J'ai pourtant tellement besoin de tranquillité et de paix pour récupérer. Heureusement, le vendredi matin, deux infirmières viennent changer mon lit et m'apportent de l'eau pour ma toilette. Puis, elles m'installent douillettement dans mon lit tout frais. Jamais je ne me suis senti aussi bien!

Après cette terrible nuit, je dors comme une marmotte jusqu'au soir; je me réveille juste à temps pour les visites. Deux de mes filles viennent me voir... en même temps qu'elles viennent voir leur mère! Car croyez-le ou non, Gilberte a été opérée quelques jours avant moi dans le même hôpital!

Après quelques jours, je commence à me lever seul. Puis, on m'enlève les solutés et le drain et je commence à manger… c'est vite dit: on m'apporte une tasse de bouillon par repas durant deux jours. Je vous assure qu'on ne fait pas des enfants forts de cette façon! La troisième journée, je peux enfin prendre du solide et commencer à refaire mes forces pour pouvoir marcher jusqu'au solarium. Une fois là, je dois m'asseoir et me reposer afin d'être capable de revenir à ma chambre.

Je ne croyais pas qu'on pouvait descendre aussi bas et en revenir... Je passe presque tout un autre mois à l'hôpital avant d'obtenir mon congé. Les pronostics ne sont pas très rassurants. Le médecin me dit:

— Non seulement on vous a enlevé le reste de l'estomac, mais aussi la rate, la queue du pancréas et le ligament gastrocolique.

En même temps, on a ligaturé votre artère coronaire stomachique à son origine. Les chirurgiens ont joint votre œsophage à votre intestin grêle et, si vous adoptez un régime alimentaire approprié, en deux ans environ, un «estomac» va se reformer. Vous pourrez ensuite prendre des repas réguliers.

Puis, il me prévient:

— Si vous avez des choses à régler, vous feriez mieux d'y voir, car d'ici un an on ne sait pas ce qui peut vous arriver!

Je rentre chez moi la troisième semaine de décembre. Mon épouse a commencé à garder nos petits-enfants. Je dois donc me débrouiller seul à la maison durant le jour. Je suis conscient que c'est primordial pour moi que j'y parvienne.

Je commence à faire des promenades l'après-midi. Je ne vais pas bien loin les premières fois mais, graduellement, j'allonge les parcours. À la fin de janvier, je marche une heure et n'ai plus à me reposer comme avant. Un mois plus tard, je commence à faire du ski de fond sur un terrain de golf près de chez nous. J'arrive à en faire six fois le tour en deux heures. Par contre, j'ai de la difficulté à manger et mes forces ne reviennent pas aussi vite que je le voudrais.

Remontée vers la santé et plaisir de vivre

Au cours de ma convalescence, je fais un examen de conscience. Je revois mon passé et mon comportement au travail. Comme beaucoup d'autres, je n'ai pas su respecter mes limites. J'ai accepté trop de responsabilités: j'ai été président du comité syndical, délégué au Conseil du travail et délégué à la Commission d'arbitrage du ministère du Travail en plus d'assumer mon travail régulier (chargé d'entretien et de réparations). Je veux être parfait! Le surmenage et l'obsession de la perfection ont probablement déclenché ma maladie...

Sans doute l'annonce d'un cancer provoque-t-elle des réactions importantes chez la plupart des gens. Moi, je ne suis pas trop affecté sur le coup; j'en ai tellement entendu parler autour de moi. De plus, je suis très inconscient de la gravité de ma maladie en raison des calmants que j'ai dû prendre. Puis, j'ai réagi comme les autres: j'ai fait un deuil anticipé de moi-même...

Maintenant, je suis convaincu qu'il y a deux réactions possibles face au cancer. La première est de penser que tout est fini, de se laisser abattre et de se résigner à mourir. C'est la mauvaise façon. N'y a-t-il pas de plus en plus de guérisons et de sursis qui durent plusieurs années? L'autre réaction consiste à ne pas se laisser démolir, à vivre avec la maladie pendant qu'elle est là, à amasser toutes ses énergies et à investir ses ressources dans le développement de sa personnalité. S'organiser une vie la plus heureuse possible dans les circonstances. C'est ce que j'ai fait.

Je suis heureux *comme jamais auparavant!* Je m'efforce de mieux connaître et de découvrir de nouvelles facettes de la vie afin d'atteindre de plus forts degrés d'intensité et de profondeur. Agir selon mes goûts et mes aspirations, faire ce qui me plaît et tirer avantage de ce qu'il y a de plus beau et de plus agréable pour moi. Voilà mon programme.

Au départ, c'est plutôt difficile de vivre de cette nouvelle manière. Mais d'étape en étape, on y parvient. C'est une jeune infirmière en stage qui, la première, m'a décrit les deux grandes étapes à traverser. Premièrement, la phase de *l'adaptabilité* qui consiste à réapprendre à vivre *avec et malgré* le cancer. Cela étant acquis, on s'applique à mettre en jeu toutes ses aptitudes et les ressources à sa disposition pour bâtir le plus de bonheur possible en soi et autour de soi. C'est la deuxième phase: *la transformation.*

Il y a quelques décennies, la guérison d'un cancer n'était pas phénomène courant. Ce n'est que durant la deuxième moitié des années soixante que la médecine a commencé à offrir un ensemble de traitements souvent efficaces; le progrès ne cesse de s'accélérer depuis. Aujourd'hui, on compte un pourcentage de guérison[1] de plus de quarante-sept pour cent, tous cancers confondus: cinquante-cinq pour cent chez les femmes et quarante pour cent chez les hommes.

En principe, on ne traite plus maintenant une maladie mais *une personne atteinte d'une maladie.* Le contrat entre le médecin et le malade s'en est donc trouvé élargi. Certes, le médecin a la responsabilité première du diagnostic. Il se doit, en plus, d'éclairer le patient afin que celui-ci contribue positivement et en meilleure connaissance de cause au traitement suggéré. Le patient, une fois informé, prend la décision d'accepter ou de refuser les traitements

---

1. Statistique Canada 1993.

et collabore de son mieux avec son médecin. Malheureusement, ce ne sont pas tous les médecins qui pratiquent de cette façon! Dans mon cas, on a complètement ignoré mes droits à la plus élémentaire information... Au moment du diagnostic, j'ai demandé au médecin si j'avais une chance de guérir. Il m'a répondu ceci:

— Je ne peux vous donner aucune garantie de guérison. Cela dépend de vous.

Pourquoi ne pas me faire part des probabilités de guérison? Même si elles étaient minces, cela m'aurait servi d'encouragement. Je me suis dit que si je pouvais jouir d'une survie de quelques années, j'allais en profiter au maximum. En fait, la durée de notre vie nous est totalement inconnue. Ne sommes-nous pas en sursis dès notre naissance? Raison de plus pour vivre intensément.

Dans tous les cas, il demeure important de s'assurer la meilleure qualité de vie possible. Si notre verre de champagne est petit, au moins qu'il soit bon. La maladie est l'ennemie. Il faut apprendre à mieux connaître cette ennemie afin de la démystifier et de ne pas ajouter les extravagances de l'imagination à la réalité. Quand on cerne mieux la maladie, on élimine une grande partie des émotions négatives qu'elle suscite. Puisqu'il est maintenant établi qu'un bon moral et une bonne qualité de vie exercent une influence bénéfique sur l'évolution de la maladie, j'ai cherché à m'informer le plus possible sur le cancer par le biais de conférences et de lectures. J'ai voulu lutter en connaissance de cause.

Entreprendre seul ce genre de recherches, c'est difficile. Mais j'ai eu l'avantage de faire la connaissance de deux infirmières de la Croix-Rouge. Elles m'ont grandement aidé en me faisant parvenir des revues scientifiques. Malheureusement, sur deux cent quatre-vingt-dix-huit revues, il y en a seulement douze en français, dont trois publiées par des Russes! Même l'institut Pasteur publie en anglais! C'est donc avec beaucoup de patience et de bons dictionnaires que je parviens à m'informer...

J'ai mis quatre ans à finir ce travail. En lisant sur le cancer, je pense aux cancers des autres plutôt qu'au mien... En même temps, je m'habitue à ne pas me tracasser pour des choses qui ne sont pas encore arrivées. Par exemple, quand j'apprends que moins de trente-cinq pour cent de ceux qui ont subi une gastrectomie survivent après cinq ans, je me dis: je serai de ceux-là...

Plan d'action

Pour guérir, je me construis un programme précis. Je commence par me comporter en personne guérie. En septembre 1981, je m'inscris à des cours de conditionnement physique au CLSC. L'infirmière-monitrice me demande de me procurer un certificat médical attestant que je peux suivre les cours. Le médecin qui m'a traité avant que je sois opéré me le refuse net: «Vous avez été opéré pour un cancer»... Mais il ne refuse pas la castonguette! Avant mes opérations, il me disait que je faisais des abus. Je me sentais bien trop malade pour en faire! Maintenant, il trouve que je suis trop malade pour essayer de survivre... Quelle logique! Il ne m'a jamais revu... Je suis donc mes cours sans certificat médical. Mais l'année suivante, l'infirmière apprend que j'ai été opéré pour un cancer et en exige un. Je dois lui avouer que mon médecin me l'a refusé... Grâce à un médecin du CLSC, je suis autorisé à poursuivre les cours.

Le deuxième élément de mon programme, c'est d'occuper mon temps avec des activités que j'aime: peinture, jardinage, construction d'un chalet, rénovation de ma maison, travail à temps partiel... bref je suis très actif.

Puis, je fréquente l'OMPAC depuis dix ans. Cela m'a beaucoup aidé moralement. Les membres de l'organisation et les bénévoles font un travail incroyable. J'aurais souhaité connaître cette organisation deux ans plus tôt alors que j'en avais tellement besoin, mais l'OMPAC n'existait pas encore... Aux réunions, qui se tiennent une fois par semaine, chacun peut parler de ses douleurs, de ses inquiétudes, de ses peines. Que ce soit une personne atteinte du cancer ou une personne proche, elle ne se sent pas jugée puisque nous sommes tous dans le même bateau... l'OMPAC répond certainement à un besoin de plus en plus grand... Trop de personnes se retrouvent seules, même à l'intérieur de leur famille, à vivre de graves problèmes et de terribles inquiétudes liées au cancer sans pouvoir en parler.

Au moment de rédiger ce témoignage sur le cancer avec d'autres membres de l'OMPAC, j'ai été retardé dans mon travail par une intervention aux yeux...

Quelques pépins...

Les trois dernières années m'ont apporté des problèmes de santé non reliés à mon cancer. Un jour, j'ai perdu connaissance. Je suis allé voir mon médecin qui s'est contenté de prendre ma pression. J'allais le consulter une fois par année afin d'obtenir mon fameux papier pour pouvoir poursuivre mes exercices. Je n'avais pas très confiance en lui mais, au moins, il ne me bourrait pas de pilules! Puis j'ai oublié ce malaise...

Quand je suis allé consulter un optométriste pour obtenir une nouvelle prescription de lunettes, il m'a référé à un ophtalmologiste qui a diagnostiqué des cataractes aux deux yeux. Je pouvais bien avoir du mal à lire mon journal! Résultat: une petite opération pas trop douloureuse mais accompagnée d'une foule de règles et de nombreuses restrictions. Après trois mois de ces restrictions, observées à la lettre afin que l'intervention soit une réussite, un autre pépin est survenu...

Le 31 janvier 1994, je quitte la maison vers dix-huit heures pour aller rejoindre mon groupe d'écriture. Dans le métro, je commence à me sentir mal. Le wagon est plein à craquer et je dois rester debout. Mon malaise augmente, mais je suis presque rendu à destination. Je vois vaguement la porte du métro et j'ai tout juste le temps de sortir avant de m'écraser et de perdre conscience...

Deux jeunes femmes viennent me demander si je veux m'asseoir. Heureusement qu'elles m'aident à me relever: je n'ai même plus la force de me soutenir tout seul. Puis deux policiers viennent voir ce qui se passe. Ils me posent quelques questions anodines afin de vérifier si je ne me suis pas échappé de quelque bâtisse à coins ronds! Puis, ils appellent une ambulance. Les ambulanciers me posent les mêmes questions. Je comprends! Ils veulent s'assurer que je ne suis pas confus après cette perte de conscience. Ils me transportent à l'hôpital Saint-Michel où, après une prise de sang et un électrocardiogramme, je reste sous observation sur une civière jusqu'à vingt et une heures trente.

Le lendemain, 1er février, je me présente à l'urgence du CLSC. Une longue série d'examens commence alors. Résultat: le 1er mars, on m'installe un stimulateur cardiaque.

Le 10 mars, deuxième rencontre avec le médecin du CLSC. Cette fois-ci, elle m'obtient un rendez-vous avec un pneumologue...

Chaque visite à mon médecin en amène au moins une autre quand ce n'est pas deux! Moi qui me sentais libéré des restrictions de mouvements après l'opération pour les cataractes, me voilà rendu à me promener d'une clinique à l'autre à cause de cette faiblesse cardiaque! Mais cet exercice est bon pour mon cœur après tout... Et pendant que je vais à droite et à gauche, mon passé de syndicaliste m'amène invariablement à me poser beaucoup de questions...

Un drôle de son de cloche

Certaines décisions prises par les politiciens me dérangent particulièrement. La réalité change graduellement au détriment des moins nantis. On annonce sans cesse des coupures dans le système de santé. Après le passage des coupeurs, la pilule miracle ou les tests onéreux ne sont plus accessibles à tout le monde. Les coûts posent de graves problèmes d'éthique.

Pour la première fois, les dirigeants des hôpitaux l'avouent publiquement. «Il est bien fini le temps où l'on donnait le meilleur médicament à tout le monde», déclare le vice-président de l'Association des hôpitaux du Québec!

Sans se sentir menacé, le malade doit maintenant savoir que le nouveau médicament annoncé en grande pompe ne lui sera pas toujours destiné. Par exemple: une pilule appelée Zofran diminue considérablement les nausées des cancéreux qui reçoivent de la chimiothérapie. Les hôpitaux n'ont pas suffisamment d'argent pour l'offrir à tout le monde. Certains patients paient eux-mêmes leurs médicaments, mais combien peuvent se le permettre? Autre exemple: un nouveau médicament freinant les dommages au cœur lors d'un infarctus est disponible sur le marché. Les cardiologues aimeraient tous disposer de cette pilule à deux cents dollars. Mais des choix doivent être faits à cause des restrictions budgétaires. Dernier exemple: à l'hôpital Sainte-Justine, l'équipe d'hématologie doit se battre tous les jours pour continuer d'administrer les médicaments les plus récents dans le domaine du cancer à tous les enfants... Il ne faut pas oublier que les médicaments représentent un budget de cent soixante-quinze millions de dollars pour l'ensemble du réseau hospitalier du Québec. C'est la dépense non salariale qui augmente le plus rapidement: en moyenne neuf pour cent par an, depuis cinq ans.

Catégories de patients

Sans le crier trop fort, on se dirige tout droit vers la création de catégories de patients. «Il est évident qu'avant de donner un médicament nouveau et coûteux à un patient, sa situation va être vue dans son ensemble», affirme encore le vice-président de l'Association des hôpitaux du Québec! La tension est grande entre les médecins et les administrateurs d'hôpitaux. Si le médecin peut prouver que sa prescription à un patient donné évitera une chirurgie ou réduira la durée de son séjour à l'hôpital, il aura de bonnes chances que l'administration accepte ce traitement...

Mais maintenant, on ne peut plus offrir la dernière trouvaille à tout le monde. «Cela ne veut pas dire que les patients ne seront pas soignés, mais avant de donner un médicament, on devra s'assurer qu'un autre médicament moins coûteux, même avec des effets secondaires plus importants, ne serait pas *presque aussi* efficace et ne ferait pas tout aussi bien le travail», ajoute le vice-président de l'Association des hôpitaux du Québec.

D'où les questions d'éthique. Pourquoi mon voisin aurait-il droit à la pilule magique et pas moi? C'est un grand débat qui s'amorce. «Nous sommes à l'heure des choix dans notre système de santé et cela passe par une sélection plus *adéquate* des médicaments», surenchérit le même vice-président.

On risque d'oublier le malade quand les administrateurs d'hôpitaux lancent la course à l'épargne et à l'équilibre budgétaire. Le médecin doit adopter la nouvelle philosophie de pharmaco-économie, même si parfois c'est déchirant, affirment les administrateurs. On voit bien que ce ne sont pas eux qui sont malades!

Cela m'amène à me poser des questions. Pourquoi le ministre de la Santé s'acharne-t-il, par exemple, à vouloir construire un hôpital à Montréal si le gouvernement n'a pas d'argent pour fournir les médicaments? D'autant plus qu'on est impuissant à faire fonctionner les hôpitaux à plein rendement. Serait-il payant, pour un ministre, de construire un hôpital quand il y a mille lits fermés sur l'île de Montréal à cause du manque d'argent? Pourquoi ne pas retourner la situation et diminuer le nombre de députés de vingt pour cent? Cela représenterait une économie de deux millions et demi de dollars... Sans compter les dépenses cachées... Oui, vraiment je me pose beaucoup de questions...

On dit que les cliniques médicales sont trop fréquentées et que la consommation des médicaments est trop élevée. Mais qui donne les rendez-vous? Qui prescrit les médicaments?

On peut vivre de longues années heureux après un cancer; j'en suis la preuve vivante. Mais on parle beaucoup plus de ceux qui en meurent...

Récemment, j'ai traversé une période plus difficile, mais ce n'était pas dû au cancer. J'ai compris que je ne devais plus prendre les bouchées doubles. Avec ma volonté de vivre, je suis convaincu que ma santé suivra la nature et renaîtra avec le printemps. En attendant de soigner mon jardin, je me soigne moi-même et prends la vie du bon côté. Pourquoi la prendre autrement?

Denise Leduc et Nicole Arseneault

Pause poétique

DENISE LEDUC

7 décembre 1991: fébrilement, je me prépare pour Noël. À quarante-six ans, je désire repartir à neuf et oublier les durs moments passés (divorce, ruptures, déceptions, stress au travail, etc.).

13 décembre 1991: j'apprends avec stupeur que j'ai un cancer du sein... La révolte au cœur, j'en veux au monde entier et surtout à mon médecin qui a ignoré les rapports des radiologistes suggérant la biopsie. Pourquoi n'a-t-il pas porté plus d'attention à ma fatigue constante et à cette petite bosse que je sentais depuis près de trois ans?

Malgré les mammographies «annuelles» je suis prise avec cette maudite tumeur...

24 décembre 1991: me voyant déjà un pied dans la tombe, je rédige mon testament! Je me retrouve donc, en cette veille de Noël, non pas à la table de réveillon mais à la table d'opération.

25 décembre 1991: Noël et bonnes nouvelles; j'ai encore mon sein et surtout la vie.

1er janvier 1992: sortie de l'hôpital, je fête le nouvel an entourée chaleureusement de ma famille. J'anticipe pourtant cette année avec inquiétude car, étant en phase II du cancer, je devrai subir des traitements de chimiothérapie et de radiothérapie.

Année 1992: période de transformations où s'entremêlent l'espoir et le désespoir, la peur et le courage, la douleur et le détachement. Grâce à ma mère Aline et à ma fille Izabel qui me donnent foi en la vie et en ma propre guérison, à Normand, mon copain, qui quitte son appartement pour partager cette épreuve avec moi, à Christiane et Marina de l'OMPAC, qui m'aident à trouver l'étoile au fond de ma nuit et enfin grâce à l'amour inconditionnel de mes amis et frères, j'ai la force de vaincre et de vivre.

Janvier 1993: enfin la rémission et je me donne la mission d'écrire un livre de témoignages sur le cancer afin de partager avec d'autres la lourdeur de nos maux allégés par nos mots... Pour ma part, j'ai choisi la poésie pour vous exprimer mes sentiments et vous révéler les diverses phases de mon mal-être. J'espère que mon univers rejoindra le vôtre...

NICOLE ARSENEAULT

> Un accord de guitare, un sourire moqueur
> Un accord de guitare, le noir de ses yeux rêveurs
> Un accord de guitare pour chasser la peur
> Un accord de guitare pour oublier l'horreur

Ces quelques lignes, Nicole aurait pu facilement les écrire. Et c'est en lisant sa poésie que vous vivrez les mois d'angoisse, les longs moments de souffrance et surtout les nombreuses étincelles d'amour qui scintillent en sa présence. Malgré ses peurs et son anxiété toujours présentes, Nicole a su combattre; le courage, l'amour et la soif de vivre ont eu raison de la maladie. Après plus d'un an de lutte acharnée, la rémission est maintenant le fruit de son combat, un combat inégal où le conquérant envahit non seulement le corps mais aussi l'esprit, l'âme. Un ennemi impitoyable que seul l'amour peut terrasser.

Après des mois d'attente, d'examens pénibles et d'analyses de toutes sortes, *le verdict est rendu le 20 juillet 1993: maladie de Hodgkin stade III*. Puis, plusieurs semaines après le scanner, c'est la sentence: chimio-thérapie.

Pour Nicole c'est la panique totale, quatre mois d'horreur où seule la vue d'une aiguille représentera l'enfer. Emportée par le torrent, elle s'acharne et se bat pour finalement atteindre le rivage. Cependant, la trêve n'est que de courte durée, elle est aussitôt replongée dans les remous où de nombreuses séances de radiothérapie brûleront son corps déjà meurtri. Mais Nicole ne lâche pas prise, sa survie en dépend, elle garde la tête hors de l'eau pour enfin rejoindre à nouveau la terre ferme où elle refait maintenant ses forces. *La rémission est amorcée en mai 1994.*

À vous maintenant de découvrir Nicole, laissez-vous porter par ses poèmes et vous y découvrirez l'amour, ce sentiment divin qui seul peut abattre la peur, l'angoisse et la maladie.

Gilles Langlois
1er juillet 1994

Malgré que nous soyons deux femmes très différentes, en nous amusant à jumeler nos poèmes, nous nous sommes rejointes dans des «flashes d'émotions concentrées».

On naît seul, on meurt seul, entre ces deux pôles on l'est souvent aussi...

SOLITUDE

Elle était là dès la naissance,
En quittant ce ventre douillet.
Vous sentiez sa froide présence
Qui vous accrochait, vous gelait.

Même lors de vos premiers pas,
Cherchant une main tendue,
Elle était déjà dans vos bras
Et vous n'agrippiez que l'air nu.

Durant l'adolescence,
Laissant votre amour d'été,
Elle devenait cette souffrance
Si difficile à supporter...

Elle est dans le silence lourd
Et l'ombre des nuits infidèles
Des couples sans amour,
Que sans cesse elle harcèle.

C'est la tristesse du vieillard
Et l'impuissance du mourant,
Tous les deux mis au rancart,
Loin de vos yeux, les oubliant...

Elle est toujours là, elle veille,
Elle vous attend, vous épie,
Jamais ne trouve le sommeil.
Comment traiter cette ennemie?

Denise Leduc

On naît seul, on meurt seul, entre ces deux pôles on l'est souvent aussi...

JE MARCHE

Je marche solitaire
Les yeux tournés vers la terre
Je marche en silence
Puis, l'automne s'avance
Sans trop savoir
La lune perce le noir
Dans un éclair je me dis
Que tout n'est pas fini.

Je marche dans la solitude
Sans plus, par habitude
Je reste là, à flâner
Comme une épave rouillée
Je marche, je respire
J'imagine un sourire
Les arbres étouffés de décombres
Dans le jour sombre.

Je marche sur un fil
Fragile, pareille à l'argile
Sans trop savoir pourquoi
Comme la première fois
Je marche sur mes jours
Les dénombrant tour à tour
Entre la terre et l'espace
N'y trouvant que l'impasse.

Nicole Arseneault

Quand l'espoir s'enfuit...

QUAND SERT LE CANCER

Quand sert le cancer, il sert à
Expulser ta fureur,
Exprimer tes peurs,
Révéler ta tristesse,
Combler ta détresse.

Quand sert le cancer, parce que
Tu n'en peux plus,
Que pour toi c'est la seule issue.

Car quand
Serre trop le cœur,
Que trop vive est ta douleur,
Quand t'étreignent les émotions,
La **tumeur** devient ta solution.
Elle te sert de faux-fuyant
Quand **tu meurs** par en dedans.

Denise Leduc

Quand l'espoir s'enfuit...

QUAND

Quand le cœur a perdu sa raison
Et que l'hiver en a fait sa passion
Il fait froid dans la morte saison
La vie s'accorde de sanglots longs
Comme une première fois
Quand reviendra le dur froid
Du souffle déchaîné des vents
Cherchant la victime des temps.

Quand dans les champs de blé
La neige vient s'installer
Désormais ce n'est plus jamais l'été
La vie s'accorde à méditer
Dans le vide des ennuis
Étendue dans les mâts de nuit
Pure dans l'innocence
Dure dans l'absence.

Quand les ombres ont peur
L'automne souffre et meurt
Il n'y a plus de trace de couleur
Le noir traverse les heures
La vie s'éteint chaque jour
Un peu plus que toujours
Sans jamais tendre la main
Pour rebâtir les chemins.

Quand dans la noire absence
Au crépuscule le désert s'avance
Revoici l'éternel miroir
Présent sans trop y croire
Dans le sable des dunes
Lumineux sous la lune
Ténèbres dans la lumière
Tristesse devant la terre.

Nicole Arseneault

Envahies par l'ennemi...

LE COMPAGNON SILENCIEUX

Il s'est invité dans ma vie,
Sans crier gare, il m'a choisie.
Lentement, il s'est infiltré,
Prenant plaisir à me déjouer.

M'envoûtant avec perfidie,
Dévorant toutes énergies,
Envahissant jusqu'à mes veines,
Voulant que je lui appartienne.

Avide comme une sangsue,
Il se fixait sans être vu,
Il se pressait contre mon sein
Et s'y cachait bien le malin.

Il croupissait là, bien blotti,
Lorsque ma main le découvrit;
Palpant mes contours arrondis,
Soudainement, je le surpris.

Découvrant ainsi son manège,
Je venais de le prendre au piège.
Il tenait à rester en place,
Mais j'exigeais le face-à-face.

J'en avais marre, c'était assez
Et j'ai crié, vociféré:
«Dévastateur, quitte mon corps
Et emporte avec toi la mort!»

Il ne voulut pas me quitter,
Une lame dut l'extirper.
Des poisons et des rayons intenses
Le gardèrent enfin à distance.

Denise Leduc

Envahies par l'ennemi...

IMAGE DANS LA NUIT

Une image dans la nuit
Un souffle, un cri
Habite le silence
Au creux de l'ombre immense.

L'épaisse brume s'affole
L'eau jaillit des rigoles
J'erre sans savoir
Je n'ose croire.

Un fil retenu
Un chemin dévêtu
Solitude, ô solitude
J'en perds l'habitude.

Un chemin tracé
Une route oubliée
J'ignore mon pas
Le cœur dans l'au-delà.

La musique s'alourdit
Aux résonances accroupies
Elle neige dans ma tête
Comme c'est bête.

Un fauve en liberté
Un voile tiré
Et toujours le vent
Sur les temps.

C'est sans doute l'hiver
Il neige à fendre l'air
Le froid grogne
Étouffant la cigogne.

Nicole Arseneault

Longs mois de scalpels, de poisons et de rayons intenses...

LE COULOIR

Lentement, je longe le couloir,
Sans trop me presser.
Prise dans cet entonnoir,
Je crois suffoquer.

J'arrive enfin à cette salle
Où quelques patients alignés
Cachent sous leur visage pâle
Une crainte à peine voilée.

Tour à tour, ils entrent
Puis ressortent abasourdis.
J'en ai mal au ventre
Et mon cancer, je le maudis.

Voilà qu'on m'appelle,
J'en ai pour deux heures bien sonnées.
Je voudrais être une hirondelle
Pour m'évader, m'envoler.

On réchauffe ma main, mon bras,
On prépare le soluté.
Je considère avec effroi
Ce qu'on va m'administrer.

L'aiguille perce veine et cœur,
Le poison pénètre ma peau.
J'ai la nausée et vraiment peur,
Je tremble de tous mes os.

Cependant la vie continue,
Le personnel bavarde et rit.
Tant d'indifférence m'exténue
Et je voudrais pousser un cri,

À tue-tête, dire: «Silence!
Épargnez vos pauvres patients,
Comprenez donc notre souffrance
Et taisez-vous quelques instants.»

Dernières gouttes dans mes veines,
Enfin, je suis libérée.
Mais la semaine prochaine,
Tout sera à recommencer...

Denise Leduc

140

Longs mois de scalpels, de poisons et de rayons intenses...

RADIOTHÉRAPIE

L'hiver semble plus fort
Chaque fois qu'il me passe sur le corps
Une machinerie lourde d'humiliation
Pareille à l'arcade, servir d'attraction
Tous et chacun chasseur des yeux
De la proie offerte à eux.

Je suis là dénudée, violée
À la merci de leurs pensées
Ils se prennent pour des Picasso
Un trait plus bas, un trait plus haut
Et leurs moqueries grinçantes
Par lesquelles ils se vantent.

Mes yeux laissent pleuvoir de l'eau
Sur mes joues et j'ai le cœur gros
J'ai peur dans le silence si lourd
Quand pourrai-je pousser ce cri sourd?
Oui, le cancer en moi a la rage
Il me retient emprisonnée dans sa cage.

J'ai mal à mon village intérieur
Aveuglée par la vie qui me fait peur
Je glisse dans l'immensité du vide
Le regard aigri et à la fois avide
Mon être est chaviré des robes blanches
Qui sur moi, sans cesse se penchent.

Nicole Arseneault

Mélanges et mélancolie...

JE SUIS MÊLÉE

Je suis toute mêlée,
À quel «sein» me vouer?
Le cancer, c'est compliqué,
Comment a-t-il débuté?

«C'est venu de tes gènes,
Dit mon amie Irène,
Ma foi! C'est dommage
D'avoir un tel héritage.»

«Manque de vitamines,
Souligne ma cousine,
Avec l'A, B, surtout la C,
Tu serais plus en santé.»

«Ton alimentation,
Soutient oncle Raymond,
Avec tous ces colorants
Ce n'est pas étonnant.»

«C'est sûrement ta brassière,
Déclare ma grand-mère,
Elle est tellement serrée
Qu'il faut vite l'enlever.»

«Bien trop d'anxiété,
Croit mon frère Roger,
Car se faire du souci
Provoque la maladie.»

«C'est toute cette pollution,
Affirme Napoléon,
On ne peut plus respirer
Sans risque de s'intoxiquer.»

Les gènes ou l'alimentation?
Qui a tort qui a raison?
Eh! que vous me mêlez!
Qui dois-je écouter?

Denise Leduc

Mélanges et mélancolie...

JE VOUDRAIS TE DIRE LA MER

Je voudrais te dire la mer
Des quatre coins de la terre
Immensité à perte de vue
Défilant sur les sables nus.

Je voudrais te dire belle
Douce et à saveur de miel
Refuge maternel des goélands
Que tu berces dans tes flancs.

Je voudrais te dire orageuse
En colère, très malheureuse
Perdue entre autres sentiments
Ballottée dans les bras du vent.

Je voudrais te dire la mer
Visiter d'un souffle l'univers
En fermant doucement les yeux
Et flottant sur les vagues bleues.

Nicole Arseneault

Qui m'écoutera?

MONSIEUR LE MÉDECIN

Avez-vous du temps à m'accorder?
J'ai tant de choses à raconter.
Je sais que vous devez me soigner
Et n'êtes pas là pour m'écouter.

Allouez-moi juste une heure
Pour alléger mon cœur,
J'ai si froid et si peur.
Si grande est ma douleur.

Neuf, dix minutes ce soir,
J'ai besoin d'un peu d'espoir,
Tout me semble dérisoire
Parce que je broie du noir.

Cinq, six secondes aujourd'hui,
Être simplement un ami
Pour m'aider, apaiser mes cris,
Comprendre ma mélancolie.

Offrez-moi juste un instant,
Comme un cadeau, un présent.
Oubliez montre et cadran,
Car j'ai si mal en dedans.

Vous ne traitez que mon corps,
Que dira mon âme alors?
Vous faites de vains efforts,
Mes maux reviendront encore.

Mon cher médecin, je comprends!
Il y a la file de gens,
On vous réclame et vous attend,
Appelez vite le suivant.

Vous êtes bien tolérant.
Merci pour les calmants.
Vous êtes très compétent
Mais si vous étiez patient...

Les rôles étant inversés,
Vous assis de mon côté,
Vous seriez bien indigné
D'être ainsi bousculé.

Denise Leduc

144

Ma chandelle est morte, j'ai besoin de feu, ouvre-moi ta porte, réchauffe-moi un peu...

L'INDIFFÉRENCE

Vivre de l'absence des joies
La mort des premières fois
Victime de mille lois
Sans même avoir le choix.

L'indifférence
Le poids du silence
L'indifférence
L'hiver de l'absence.

Chercher ailleurs le soleil
L'ivresse du réveil
Dans le profond désert
Du plaisir toujours pervers.

Tant que des pas perdus
Sillonneront le noir des rues
Le visage mis à nu
Des larmes dans le froid cru.

À l'automne des désirs
À l'ombre du plaisir
Le cœur à mourir
Sans amour et sans rire...

Nicole Arseneault

Et si je changeais de rythme...

MÉTRO, BOULOT, DODO

Un an de «radio et chimio»,
Me voici déjà au boulot.
Peu de temps pour récupérer.
M'a-t-on permis de respirer?

On se fie aux statistiques:
Moi, entre leurs mains magiques.
Je n'ai vraiment pas le choix,
Ce sont eux qui décident. Pas moi!

Me revoilà sous pression.
M'arrêter? Pas question!
Quand je cours après les heures,
Vrai, j'en perds ma bonne humeur.

Chaque jour, je prends le métro,
Fais de mon mieux mon boulot
Et retourne faire dodo.
Voilà ce qu'est ma vie, mon lot.

À ce rythme effréné,
Je deviens vite essoufflée.
Avec le stress aux talons,
Ma peau, vite ils l'auront.

Je dois changer mon destin,
Surtout me reprendre en main,
Plier vite mes bagages,
Couper le survoltage,

Quitter métro et boulot,
Récupérer, faire dodo,
Créer, inventer des mots.
Ah! ne plus être un robot.

Denise Leduc

Pause poétique

Et si je changeais de rythme...

À QUOI ÇA SERT

À quoi ça sert de travailler
On peut pas vivre sans s'énerver
Remplir les poches du gouvernement
Avec le gros de notre argent.
La vie c'est ça, pas moins
À chacun ses moyens.
Acheter des rêves continuellement
Pour essayer de passer le temps.

Il y a toujours un téléphone
Qui sonne et qui resonne
Un rendez-vous manqué
À force d'être trop pressé.
Il y en a qui ont le salaire minimum
Puis nous leur demandons le maximum
Pour le patron ils se font mourir
Mais surtout pour le pire.

Est-ce possible d'être rendu là?
Moi je n'avais pas demandé ça
De la grosse misère noire
Entre le travail et le purgatoire
Il y a toujours quelque chose
Qui arrive et qui s'oppose
Le train de la vie
Ne s'arrête même pas la nuit.

Nicole Arseneault

Humour... du rose au noir...

COMME TU AS L'AIR BIEN

«Comme tu as l'air bien»,
Me dit-on chaque fois,
Pour que je ne dise rien
De ce qui se passe en moi.

«Comme tu as l'air bien.»
Mais ne voyez-vous pas
Que ça me ferait du bien
De vous dire «rien ne va»?

Quand vous me rencontrez,
Vous soulignez mon éclat
Pour éviter de parler
De mes hauts et de mes bas.

Vous voyez mon sourire
Mais pas mes tristes yeux.
Que j'aimerais donc m'ouvrir,
Vous parler juste un peu.

«Cancer» est à proscrire,
Maladie à cacher.
D'en parler vous ferait fuir,
Il vaut mieux l'ignorer.

Ayant peur de souffrir,
Vous demeurez aveuglés.
Je dois donc vous mentir
Et taire la vérité.

Je suis pourtant si proche...
Vous me tenez si loin...
Qu'il vaut mieux que je décroche
Et vous dire: «Je vais très bien.»

Denise Leduc

Humour... du rose au noir...

VISION ÉTEINTE

Visage couvert sous les eaux
Décomposé texture gruau
Fricassée gluante
Carcasse sanglante

Les mots ne servent plus
Ils sont disparus
Envolés comme des feuilles
Sans avoir de cercueils

Le sang émerge
Le corps submerge
Cimetière marin
Qui s'éteint

La mort de l'espace
Le tunnel de l'impasse
Les ténèbres s'entrouvrent
Le ciel se couvre

Sous les eaux de vert-de-gris
Étincelantes sous la pluie
Si ternes sous les nuages
Entourées de loups en rage.

Nicole Arseneault

Toujours... jamais!

ÉPÉE DE DAMOCLÈS

Elle reste omniprésente,
Peut-être va-t-elle tomber?
Effilée, très pesante
Et résolue à me tuer.

Depuis trois ans, je la guette,
Elle est toujours suspendue,

Droite au-dessus de ma tête,
Attendant l'instant prévu.
Mais si ce n'est pas mon heure,
Ôte bien vite ta lame,
Cesse de me faire peur,
Laisse-moi en paix, sans drame.
Efface-toi de mes yeux,
S'il te plaît, je veux vivre un peu...

Denise Leduc

Toujours... jamais!

ANGOISSE

Septembre est à peine né
L'automne vient de commencer
C'est là que la vie s'est arrêtée
Là que j'ai été déracinée
Je me sens trahie
Par la maladie...

Soudain les rendez-vous diurnes
Se changent en cauchemars nocturnes
Vite, il faut courir après la vie
Qu'avec effroi le temps fuit
Le mal creuse l'âme
Mais à qui le blâme?

Un jour de printemps tardif
La solitude s'installe en manif
Je l'entends, mais je n'écoute pas
Simplement, hébétée, je suis là
Dans un ascenseur terni par les ans
Gravissant les paliers se succédant.

Faut-il bondir à la nouvelle
Dans le bref de l'ombre cruelle
Avancer sans même respirer
L'odeur alourdie, asphyxiée?
Sous le poids immense
Le corps meurtri pense...

Quand une voix de l'intérieur
Perce les songes de la peur
Marche vers les eaux de glace
Puiser dans les profondeurs vivaces
La réponse inédite des secrets
Qu'elle dépose en douceur à mon chevet.

Je me précipite telle une enfant
Assoiffée de vivre, en courant,
Afin de tout découvrir
Avant que de trop souffrir
Et que l'heure tardive me porte de la terre
Pour m'amener vers l'autre univers...

Nicole Arseneault

Saisir l'instant...

48 TEMPS

J'ai 48 ans, le temps presse,
Ce maudit cancer qui m'oppresse!
Trop peu de temps...

Il faut prendre les bouchées doubles,
Chasser en moi tout ce grand trouble,
Aller de l'avant...

Au diable les habitudes,
Je vais changer mon attitude,
Faire différent...

Car j'ai gagné un peu d'avance
En vivant diverses souffrances,
Me transformant...

Tout moment est précieux pour moi
Car il n'arrive qu'une fois,
Comme un présent...

Je n'anticipe plus l'avenir,
Mais m'attarde à un sourire,
M'émerveillant...

Je me laisse bercer par l'amour,
M'abandonne au rythme du jour,
Tel l'océan...

Pour trouver la sérénité,
J'apprends à rire et à jouer
Comme une enfant...

Je tire sur mes ficelles,
Vole de mes propres ailes,
Prends mon élan...

Pour vivre intensément,
Il faut capter l'instant,
Ici, maintenant...

Denise Leduc

Saisir l'instant...

TEMPS QUI PASSE

À l'exception du vent qui passe
Les vagues sur le sable s'entassent
Pareilles à de douces caresses
Qui viennent s'endormir et se laissent
Les jours s'entendent à venir
Entre sans doute deux soupirs.

Comme le temps s'envole
Sur les herbes bien folles
Au loin, là-bas sur l'horizon
Il y a plus d'un sanglot de saison
Un petit éclat de rire
Trouble les ombres d'un souvenir.

L'hiver marque la trace de mes pas
Transportant mes pensées par-ci, par-là
Sans tenir compte des jours
Qui se bousculent comme sourds
Il est temps de silence
Aux semences de l'absence.

Nicole Arseneault

Si proche de la mort... Plus près de la vie...

LA FIN DU SÉJOUR

À la fin de mon séjour,
Lorsque arrivera mon tour,
Vous, parents et amis,
Entourez bien mon lit.

Gardez votre cœur joyeux,
Offrez-moi vos bons vœux
Comme à un anniversaire,
Puis, fermez mes paupières.

À mon dernier soupir,
Laissez-moi vite partir
Et qu'à mon enterrement
Il y ait rires et chants.

Ainsi ma transformation
De chenille à papillon
Vous semblera plus légère
Quand je quitterai la terre.

Denise Leduc

Si proche de la mort... Plus près de la vie...

TEMPÊTE

Tempête longue, tempête brève
Quand j'aurai versé toute la sève
Seras-tu là devant mes yeux
Avant d'être jetée au feu
Comme une noire bête
Sacrifiée pour une fête?

Je ne sais pas, je ne sais plus
Si je dois rêver dans les rues
D'une nouvelle vie
Ou bien si tout est fini
Mais à quoi bon penser,
Quand le cœur est essoufflé?

Il fait si noir que sans savoir
La nuit allume le soir
Vais-je fermer les mains
Dans un large soupir demain?
Vais-je combattre la mort
Épuisée dans tout mon corps?

C'est l'hiver en été
Dans mes yeux éparpillés
Qui ont oublié la vie
Qui cherchent dans un cri
La noirceur de la terre
Qui recouvre la boîte de verre.

Oubli dans un petit terrain
Ils partiront, cœur dans les mains
Heureux, réjouis, épanouis
Car tout sera bien fini
Une fête aura lieu
Bon débarras diront les vieux!

Nicole Arseneault

Pour votre générosité, votre disponibilité et votre encouragement.

Merci,

    Aline Leduc, Izabel Vadnais, Normand Poirier, Michel Leduc, Roger Leduc, Solange Dion, Monique Giard, Carmen Gravel, Marina Turcotte, Christiane Naud, Doris Jacob et Serge Raymond.

Pour votre complicité, votre solidarité et votre participation
à la réalisation de ce beau projet.

Merci,

    vous les neuf de l'atelier d'écriture, particulièrement Jacqueline Gauthier à qui nous devons une fière chandelle.

                                    Denise Leduc

Charlotte Lamothe-Dubé

Changement de cap

J e vois arriver le printemps avec toute la beauté du renouveau dans la nature: les bourgeons qui éclatent, les pommiers et les cerisiers en fleurs. Tout redevient vert; même les premiers pissenlits viennent égayer cette nature si longtemps endormie. Je me plais à contempler et à admirer. L'hiver dernier a été long et dur. Le froid et le verglas m'ont retenue à la maison et j'avais l'impression que la vie s'était arrêtée pour moi. Maintenant, elle m'est redonnée dans toute sa splendeur. Je me surprends à espérer des jours meilleurs, tellement c'est invitant!

C'est que, depuis deux ans et demi, il est bien vrai que la vie normale s'est arrêtée pour moi. Elle s'est presque transformée en maladie à plein temps.

J'avais tout bien planifié: mon avenir, un travail que j'aime, des loisirs agréables et une retraite que j'entrevoyais intéressante. À cinquante-neuf ans, j'ai eu la chance inouïe de me trouver un emploi comme agente de bureau chez un fleuriste. Ce milieu de fleurs et de parfums m'a toujours fascinée. Au bonheur d'y travailler s'ajoutaient la chaleur humaine et l'amitié des gens sympathiques que j'y côtoyais.

À l'été 1991, j'emménage dans un appartement plus petit pour pouvoir consacrer mon énergie à des choses plus intéressantes que l'entretien. Je finis de m'installer quand je ressens une douleur à un sein et découvre la présence d'une bosse. Je ne m'inquiète pas outre mesure, croyant m'être frappée au cours du déménagement. Je vais pourtant consulter immédiatement une femme médecin qui détecte la présence d'une bosse suspecte. Elle m'envoie passer une mammographie qui confirme qu'effectivement, il y a quelque chose qui cloche.

Un chirurgien-oncologue fait la même constatation. À partir de ce moment-là, tout s'enchaîne rapidement: hospitalisation, opération durant laquelle il découvre non seulement une grosse tumeur maligne, mais encore une deuxième tumeur, plus petite celle-là, mais maligne elle aussi. Le lendemain de l'opération, mon médecin m'annonce qu'il m'a enlevé la moitié du sein. La crainte devient certitude: j'ai le cancer et je suis gravement atteinte. Cette nouvelle me bouleverse, tout chavire autour de moi, la tête me tourne et, seule dans mon petit coin de chambre d'hôpital, je pleure tout mon soûl!

C'est trop injuste, pourquoi moi? La peine, la peur du lendemain, le choc, l'angoisse et l'anxiété s'emparent de moi: je me sens tellement seule!... Il me semble que j'ai pourtant eu mon lot d'épreuves dans la vie. Je trouve que Dieu exagère, qu'Il m'en demande trop. Pourquoi moi? Encore une fois je me révolte! C'est moi qui dois combattre, personne ne prendra ma place! Je sens bien toute la compassion des miens et la peine qu'ils éprouvent, mais c'est seule que je devrai affronter ce monstre!...

Moi qui me croyais forte, me voilà affaissée, écrabouillée, révoltée! Ce n'est pas un mauvais rêve, c'est la réalité! Je m'éveille tous les matins en pleurant. Non seulement je ne mène plus ma barque, mais on m'a même enlevé le gouvernail. «Mon Dieu, donnez-moi la sérénité...» Cette prière que je répète à longueur de journée m'aidera peut-être un jour à comprendre ce que vous espérez de moi, mon Dieu. Mais pour l'instant, je suis bien loin de l'acceptation! Ma vie est maintenant toute chambardée: j'avais pourtant planifié une retraite un peu plus confortable. Je croyais pouvoir en profiter pleinement le moment venu, en faisant des petits voyages, en visitant et en recevant mes enfants et mes petits-enfants et en vivant pleinement avec eux!

Mais voilà que du jour au lendemain tout bascule; fini les beaux projets! Je dois «changer de cap». Pour l'instant, me voilà malade à plein temps. J'apprends de plus que dix ganglions lymphatiques sont atteints, ce qui signifie que déjà les métastases se sont répandues un peu partout: des métastases osseuses, me dit-on. Donc, j'ai déjà un cancer généralisé; je ne suis épargnée d'aucune façon.

À ma sortie de l'hôpital, en décembre 1991, l'oncologue me suggère de suivre des traitements de chimiothérapie. Trois mois plus tard, rien n'a encore été fait; on ne m'a prescrit qu'un médicament, du Tamoxifène; aucun traitement n'est amorcé. J'ai tenté de retourner au travail, mais en vain: je suis trop faible, je dois y renoncer. Je reviens à la maison déçue et je continue à pleurer et à vivre ma déception.

À l'occasion d'une conférence, je rencontre le Dr Joseph Ayoub, un oncologue. Il m'inspire confiance; sa bonté et sa compétence me convainquent de changer d'hôpital pour devenir sa patiente. Je serai sûrement plus à l'aise avec lui. Dès la première rencontre, il me prescrit des traitements de chimiothérapie pour au moins un an, à raison de deux traitements par mois et, en plus, quatorze jours de chimio buccale et de cortisone. Pendant douze mois d'affilée, je reçois ces traitements. La dose de chimio étant cumulative dans l'organisme, je m'affaiblis continuellement et je supporte péniblement les derniers traitements; mes forces diminuent constamment.

En décembre 1992, au cours de cette année de chimiothérapie, mon sein malade commence à faire de l'œdème. La chimio n'empêche rien. Le médecin me prévient qu'il ne peut ni faire de ponction ni m'opérer. On ne peut qu'espérer qu'à la longue la chimio finisse par donner des résultats, grâce à des traitements encore plus poussés. Après deux de ces traitements, la situation ne s'est pas améliorée. Il décide donc de changer à nouveau de traitement, mais après deux tentatives, il ne note aucun progrès. Mon organisme répond moins bien aux traitements et je me sens tellement faible que j'ai l'impression de mourir tranquillement. L'œdème du début devient une tumeur et la douleur se fait de plus en plus intense. Des Empracet prescrites pour soulager la douleur, je dois passer à la morphine et ajuster le dosage au besoin. Au moment où j'écris ces lignes, j'en suis à ce stade avancé, en ce qui a trait à mon cancer et au bon contrôle de la morphine.

La faiblesse me retient de plus en plus à la maison: fini les belles sorties, les belles expositions, les beaux concerts que j'aimais tant. Il ne me reste que peu d'énergie, je dois calculer le temps de mes sorties; un film, un repas au restaurant et je dois songer à revenir à la maison, sinon je devrai mettre beaucoup plus de temps pour récupérer mes forces.

Ma vie a pris un tout autre sens. Mes valeurs morales changent aussi. Je ne pense plus et je ne vois plus les choses comme avant. Je veux vivre pleinement, mais la vie devient tellement différente de ce que j'avais imaginé, planifié et programmé. Encore une fois, je me rends à l'évidence que je ne dirige plus rien; il m'a fallu un bon moment pour le réaliser. Malgré tout l'amour, le soutien, la compréhension et l'attention des miens et de mes amis, je me rends compte que j'ai besoin d'aide extérieure pour me sortir de cette épreuve: ma volonté seule ne sera pas suffisante.

Je me joins donc à l'OMPAC en espérant y trouver toute l'aide dont j'ai besoin. Heureusement, mes espoirs sont comblés, et plus encore! Toutes les personnes présentes sont des cancéreux comme moi, sauf l'animatrice-thérapeute. La franchise et la sincérité sont au programme. Chacun est conscient que l'on est toujours seul face à son épreuve, que personne ne peut prendre sa place et que c'est à chacun de vivre et de faire son cheminement. Chacun arrive la larme à l'œil et le mouchoir à la main. On peut se permettre de pleurer tout son soûl; personne ne juge personne. On peut tout dire, personne ne s'en scandalisera. Nous vivons tous la même peine; les émotions et les sentiments que nous ressentons se ressemblent, et chacun à son rythme et en son temps pourra exprimer ses peines, ses peurs, ses craintes, ses angoisses, ses souffrances et toute la douleur qu'il éprouve. La crainte de la souffrance et de la mort est bien présente pour chacun et nous pouvons tout étaler sans crainte d'être ridiculisé. La compréhension, l'amitié et une grande solidarité se développent entre nous. Nous nous comprenons sans même nous parler, bien souvent. Nous savons tous ce que signifie «changer de cap», parce que c'est bien ce que chacun de nous doit apprendre à faire et à vivre: amorcer un virage radical et apprendre à l'accepter, à l'adapter à notre nouvelle vie et à le vivre pleinement, jour après jour.

Les responsables de l'OMPAC veulent mettre sur pied un service de visites à l'intention des personnes retenues à la maison. Étant donné que je compte parmi ces absents, depuis janvier 1994, je bénéficie de ces rencontres qui me permettent de garder le contact avec l'OMPAC. La chaleur humaine de Lucie, qui me visite régulièrement, me réconforte et me fait du bien. J'espère que d'autres malades pourront en profiter.

De nombreuses personnes atteintes de cancer ont eu ou auront à supporter l'abandon de parents ou d'amis qui fuient devant la maladie. La peur de devenir malades eux-mêmes et la difficulté d'accompagner une personne malade les éloignent. Pour les personnes atteintes, le dialogue n'est possible qu'avec une bien petite poignée de gens. Les grandes amitiés sont rares, les mains secourables et tendues le sont tout autant. Les gens veulent bien secourir pendant un certain temps, mais si la maladie se prolonge, les visites s'espacent. Comme on s'habitue vite à voir une personne malade, vient un moment où l'on ne perçoit plus, consciemment ou non, les besoins réels du malade. Celui-ci se sent alors délaissé et abandonné! Voilà pourquoi une association regroupant des personnes ayant le même vécu prend tellement d'importance. Le réconfort et l'entraide m'ont aidée à mieux vivre et à accepter ce que je croyais impossible à accepter au tout début de ma maladie.

J'ai aussi la chance de profiter de l'Entraide Ville-Marie, un organisme qui fournit l'assistance d'une infirmière à domicile ainsi que de personnes bénévoles. Ces services sont inestimables et combien sécurisants, à la fois pour le malade et pour ses proches.

J'ai la foi. Je crois en un Dieu bon et on m'a toujours dit que «l'épreuve ne dépasse jamais nos capacités». J'ai lu récemment que «Dieu qui fait les croix fait aussi les épaules et que nul ne l'égale dans l'art des proportions»! S'Il me demande et m'impose une telle souffrance, je compte sur son aide constante. Je ne lui demande pas la guérison, mais s'il était dans ses projets de me l'accorder, je ne la refuserais sûrement pas. Je lui demande de me donner un courage et une foi sans faille, même dans les moments les plus difficiles. Je veux vivre pleinement chaque jour dans la paix et la sérénité, mais qu'Il m'accorde au moins le temps de régler mes comptes avec tous, de dire adieu à tous les miens, d'accepter de les quitter, ce qui est le plus pénible pour moi, et d'entrevoir avec joie ma vie dans l'au-delà.

J'ai de plus la chance extraordinaire d'avoir l'aide d'un prêtre pour m'accompagner dans mon cheminement; il m'apporte la communion à chaque visite et nous prions ensemble. J'ai quand même été amenée à constater l'absence de prêtres pour assurer le soutien des malades à domicile; ce n'est qu'après de nombreuses démarches que je suis parvenue à trouver l'âme charitable qui réponde à mes attentes, en plus d'être aumônier dans un hôpital. Bon nombre de malades aimeraient sûrement recevoir le soutien moral d'un prêtre à la maison et je leur souhaite ardemment. Tout mon entourage, y compris mes sœurs et ma mère qui aura bientôt quatre-vingt-treize ans, tous me promettent le soutien de leurs prières constantes.

Je suis devenue chef de famille après vingt ans de mariage. J'ai eu cinq enfants: deux filles et trois garçons. Ils sont ma raison de vivre et ma fierté. Mes deux filles m'ont donné chacune deux belles filles qui font aussi ma fierté; ce sont les plus belles qui aient jamais existé. L'aînée, Stéphanie, a dix-huit ans, Véronique, quatorze ans, Marilyse quatre ans et ma petite Gabrielle aura bientôt dix mois. Ma petite bru, Anne, attend son bébé pour la fin de septembre; je veux connaître et prendre dans mes bras ce premier enfant que j'aurai d'elle et d'un de mes garçons. Je demande au Seigneur cette faveur et j'ose croire qu'Il me l'accordera. Pour l'instant, je suis privée d'un bien grand plaisir, celui de pouvoir prendre dans mes bras ma petite Gabrielle. Mon sein est tellement sensible et la petite bouge tellement que je dois écourter ces moments privilégiés et les sacrifier.

Devant le peu de résultats obtenus et ma faiblesse grandissante, j'ai dû abandonner mes traitements de chimiothérapie. J'ai demandé qu'on les suspende temporairement, le temps de refaire un peu mes forces. Mon sein continue d'être douloureux, les progrès se faisant toujours attendre. Au cours d'une échographie du foie, on découvre trois nodules. Pour l'instant, je peux manger et je digère sans trop de difficultés, les médicaments aidant.

J'ai perdu la plus grande partie de mes cheveux; les voilà maintenant qui repoussent en frisottant. En plus de la cortisone qui nous boursoufle et nous fait grossir au point de ne plus savoir quand cela s'arrêtera, cette chute des cheveux ajoute à la leçon d'humilité! Comme l'écrivait Musset, «l'homme est un apprenti et la souffrance est son maître. Et nul ne se connaît tant qu'il n'a pas souffert.» Mais quelle école et que de sincérité et d'humilité pour y parvenir!

Il y a plusieurs années, j'ai découvert le plaisir de l'écriture. Pour mon plaisir d'abord, j'aime écrire; bien souvent la solution à un problème se trouve sans effort en l'écrivant. Une situation en apparence grave se dédramatise lorsqu'on l'inscrit sur papier. J'ai aussi constaté que j'apprenais à mieux me connaître et à mieux accepter les autres, tels qu'ils sont. Que de souvenirs il est bon aussi de se rappeler! Les bons et les mauvais moments, tous ont leur place. Exprimer mes sentiments et mes émotions en écrivant me délivre de mes peurs. Et si, par hasard, je regrette et n'aime pas ce que j'ai écrit, rien de plus simple que de le déchirer et de le jeter à la poubelle. Le simple fait de l'avoir fait me soulage et... je comprends!

Je redécouvre un autre moyen d'expression: le dessin. J'appelle plutôt griffonnage ce que je fais, mais encore là, la poubelle est toujours proche si je ne suis pas satisfaite. Je n'ai plus que quelques crayons de couleur, mais pourquoi ne pas essayer. Autrefois j'aimais le fusain, la petite plume et l'encre de Chine, quoi de plus simple que de s'en procurer et de recommencer à griffonner! Voilà que je me prends à mon propre jeu: je m'amuse! Tous et chacun peuvent en faire autant; il s'agit de s'y mettre. Un peu de travail et des résultats pas trop décevants, et le tour est joué: on a envie de continuer. Ma première exposition n'est pas pour demain, bien sûr, mais j'ai maintenant l'audace de faire cadeau de mes dessins et les gens ont la gentillesse de les accepter, sachant que je les ai faits par amour.

Mon dernier changement de cap se fera après mon dernier adieu à tous les miens, au moment de mon dernier soupir, alors que j'irai retrouver mon Créateur. Je lui demande de me préparer une belle place. J'y retrouverai mon père qui m'attend, mes beaux-parents et tous ces parents et amis nombreux qui, je l'espère, viendront à ma rencontre.

Pour que tout ce beau programme se réalise, je compte aussi sur vos bonnes prières à vous qui m'avez lue et je vous en remercie.

Charlotte Lamothe-Dubé,
le 24 mai 1994

NDLR. La prière de Charlotte a été entendue. En octobre 1994, elle a pu serrer dans ses bras sa cinquième petite-fille, Daphnée, née le 17 septembre 1994 à Rouyn-Noranda. Charlotte est morte sereinement quelques jours plus tard, le 22 octobre 1994.

Nicole Arseneault a écrit ce poème la nuit du décès de Charlotte. Elle le dédie à tous les hommes (fils, mari, amant, père, frère) qui perdent un être cher...
À la mémoire de Charlotte Lamothe-Dubé:

LE GRAND DÉPART

Je sais que ta vie a été bouleversée
Mais ce n'est pas une raison pour abandonner
Car toute ta vie tu t'es battu
Pour enfin sortir de la nuit des rues.

Avant tu t'éclatais, voilà que tu pleures
Aujourd'hui tu comptes sans cesse les heures
Tu restes en place, comme ça, sans bouger
Tu es là très pensif, tu es désintéressé
Qu'est-ce que tu attends pour te décider?
Vas-tu te laisser mourir? Montre que tu as du cœur.

Je sais que désormais elle fait partie de ta mémoire
Tu ne peux t'en défaire sa photo est dans ton tiroir
Mais ce n'est sûrement pas la vraie raison
De quoi tu vis en dedans tu as perdu la passion?

Autrefois quand tu prenais la route des écoliers
Tu racontais tes fugues, les aventures de l'été
Il n'y avait rien pour empêcher tous les rêves
Mais maintenant voilà le temps qui s'achève
Il emporte la vie qui coulait comme de la sève
Regarde et marche, lève les yeux avec fierté.

Je sais que tu as beaucoup souffert
Mais ce n'est pas une question de guerre
Est-ce si difficile de continuer à vivre?
Est-ce pour ça que tu traînes que tu es ivre?

Tu l'as aimé jusqu'au plus profond de ta peau
Tu ne l'as jamais nié tu savais dire le bon mot
Chaque fois qu'elle débarquait chez toi
Elle était accueillie comme une première fois
Je sais que tu ne lui as pas imposé tes lois
Tu la serrais dans tes bras elle éclatait en sanglots.

Maintenant elle a trouvé la paix elle s'est endormie
Toi tu peux reprendre enfin la course de ta vie
Mais ça crève les yeux tu n'en as pas le goût
Vas-y essaye quand même de faire un peu ton fou.

Tes nuits sont un cauchemar tu la vois tu l'entends
Tu la voulais pourtant dans ta vie pour tout le temps...
À la place tu dors avec à tes côtés son ombre
Les derniers jours de sa vie étaient déjà très sombres
Rien de drôle que des feuilles tombées en nombre
Tu vois elle survivra en ta mémoire chaque instant

Bon il faut que je te laisse tout seul avec ta peine
Mais n'oublie surtout pas de te défaire de tes chaînes
Car tu sais que demain tu dois retourner travailler
Il te faudra énormément de courage pour te retrouver.

Nicole Arseneault
23 octobre 1994

Gilles Langlois

Compte à rebours

À Christine, Kiki

Cette bataille, je ne l'ai pas remportée seul et sans toute l'aide reçue, il m'aurait été difficile de traverser cette épreuve. Je tiens donc à remercier les personnes suivantes:

Le personnel de l'Hôtel-Dieu de Montréal pour la qualité de leurs soins et leur respect. Tous les gens de l'OMPAC pour leur écoute et leur soif de vivre. Le Centre de bénévolat de Saint-Basile, particulièrement Lise Boisvert et Jocelyne Tardif pour leur dévouement. Michel Rousseau, pour sa présence et son intégrité. Claire Dallaire, pour son rire et sa spontanéité. Liette Dufresne, Stéphane Lavoie et Marc Martel qui, par de petits gestes, ont su me donner l'encouragement souvent nécessaire. Et tous les autres qui, de près ou de loin, et souvent sans le savoir, m'ont aidé à combattre. Finalement, n'allez pas croire que j'ai oublié ma famille et tous mes proches, car ils savent déjà tout l'amour et la reconnaissance que je leur porte.

J'ai frappé et on m'a répondu, j'ai cherché et j'ai trouvé, j'ai demandé et on m'a donné; merci à Toi, Seigneur.

Sur écran de verre illuminé, mes entrailles révèlent enfin leurs secrets.

«Ces petites taches sombres sur vos poumons, Monsieur Langlois, sont des métastases et cette petite masse au-dessus de votre rein est située au même endroit que la tumeur cancéreuse qu'on vous a enlevée il y a deux ans. Votre cancer a récidivé.»

En voilà une façon de rendre un tel verdict; comme douche froide, c'est même glacial. Nous sommes en avril 1994; j'ai été opéré le 31 octobre 1991. Les premiers symptômes datent de février 1989; il y a donc plus de cinq ans que le cancer me ronge. Cependant, on n'a mis un nom sur mon problème que l'automne dernier. Scientifiquement, on appelle cela un adénocarcinome surrénalien ou, si vous préférez, une tumeur maligne de la glande surrénale, une glande grosse comme un pois sur laquelle on m'a enlevé une tumeur de la taille d'une balle de base-ball.

Au yeux de la médecine, je suis un cas rare. Mes hormones sont incontrôlables et la science semble impuissante; on m'a analysé de bas en haut et de long en large: photographies, radiographies, scintigraphies, scanners et j'en passe. Après six mois de chimiothérapie, je peux dire avec fierté que je m'en sors très bien. Les derniers résultats sont très encourageants et je continue à me battre avec acharnement pour vivre, pour savourer pleinement chaque instant qui s'écoule sans penser au lendemain. Je m'accroche à mon rêve, à ma raison de vivre.

Arrêter le compte à rebours

Lorsque j'ai subi cette intervention chirurgicale, il y a plus de deux ans, j'avoue que j'ai eu la frousse. On m'a presque coupé en deux; j'ai été ouvert du nombril jusque dans le dos pendant plus de cinq heures. À mon réveil, j'en ai fait de belles promesses! Je me suis dit que je verrais la vie d'un autre œil, que plus rien ne viendrait briser l'harmonie que je croyais avoir trouvée. Mais, dès que la souffrance s'envolait, les mêmes pièges réapparaissaient. Je ne m'acceptais pas tout à fait tel que j'étais et je détestais encore par moments mon corps trop maigre. Je croyais que personne ne pouvait m'aimer avec cette apparence qui me déplaisait. Un jour, lors d'une conférence, j'ai retenu cette pensée: «La vie est un jeu. Lorsqu'on arrête de jouer, elle devient un drame.»

Je ne sais pas de qui sont ces paroles, mais j'avais totalement cessé de jouer, j'avais oublié toutes les règles; le drame est alors arrivé avec une telle force qu'il a failli me tuer.

* * *

Dans l'année qui a suivi mon opération, outre les examens médicaux trimestriels, rien n'est venu troubler ma quiétude. Comme les résultats sont toujours négatifs, je n'ai aucune raison de m'en faire. J'ai retrouvé ma place au travail, toute ma famille se porte bien et j'ai tout pour être heureux. Alors, où est le problème? Pourquoi ce malaise, cette recherche constante? En quelques mois, je retombe dans mes mauvaises habitudes. J'exige trop de moi-même et rien ne peut me satisfaire; je voudrais que tout soit parfait et je m'acharne comme un imbécile en multipliant les déceptions.

En septembre 1992, je fais la connaissance d'une jeune femme qui, au premier coup d'œil, me plaît beaucoup. Puis, de discussion en discussion, de rencontre en rencontre, je me rends compte que j'en suis follement amoureux. Au plus profond de mon être, je sais que c'est un amour impossible, mais c'est plus fort que moi, je me plais à m'imaginer qu'un jour ou l'autre cette femme sera amoureuse de moi.

L'année 1992 se termine donc sur cette fausse note et 1993 commence sur le même refrain. Émotionnellement, je suis complètement perdu; ma course folle draine toutes mes énergies et la culpabilité me possède de plus en plus. À la maison, bien que je sois physiquement là, on constate de plus en plus que ma tête et mon cœur sont absents. Je m'isole, je regarde sans voir et j'écoute sans entendre. En avril, la situation devient intolérable; Christine, mon épouse, se demande de plus en plus ce qui m'arrive. Elle me conseille fortement de voir un médecin ou un psychologue; elle croit que je fais une dépression nerveuse ou que mes hormones sont à nouveau débalancées. Elle n'a pas tort.

De mon côté, je sais très bien ce qui se passe ou plutôt je crois le savoir: je m'acharne à poursuivre mon impossible amour. Tout bonnement, comme si je parlais de la pluie et du beau temps, j'annonce à Christine que je vais peut-être la quitter. Le choc est terrible. La situation se met à dégénérer très rapidement. L'atmosphère est malsaine; les disputes deviennent de plus en plus fréquentes. Les enfants subissent ce drame sans rien comprendre. Je suis soudain devenu le gros méchant loup et je l'ai bien mérité; le piège se referme.

J'annonce à Christine que je partirai le 1er août. Cependant, de petites surprises m'attendent. Sans aucun avertissement, une douleur atroce s'empare de ma hanche gauche. Incapable d'en supporter davantage, je me rends à un hôpital de la Rive-Sud où, après plusieurs heures d'attente et un examen sommaire, on m'annonce que ma colonne vertébrale est la cause de ma douleur. On me prescrit des anti-inflammatoires, et bonsoir Monsieur! J'ai beau argumenter, qui suis-je pour mettre en doute le diagnostic d'un médecin? Je retourne chez moi plutôt perplexe. La nuit suivante, malgré la médication, la situation empire. Je demande à Christine si elle veut bien m'accompagner jusqu'à l'Hôtel-Dieu de Montréal où j'ai un dossier. J'ai si mal que mon fils doit m'aider à marcher jusqu'à la voiture.

À l'urgence, les choses ne traînent pas: l'infirmière constate que je suis très souffrant et en moins de trente minutes, je vois le médecin qui aussitôt me prescrit une injection calmante avant de poursuivre les examens. Christine est froide, distante; entre nous, le dialogue est mort. Installé sur une civière dans un corridor surpeuplé, complètement abruti par les drogues, j'attends la suite. Après des analyses qui ne révèlent rien, on décide de m'opérer immédiatement. Entre-temps, Christine est partie. En soirée, j'entre en salle d'opération; on me transfère de la civière à la table d'opération et l'anesthésiste me demande de déplier ma jambe. Impossible, lui dis-je, la douleur est trop vive. Il injecte alors dans le soluté une infime quantité de drogue et me demande si j'ai encore mal. En quelques secondes, je sens littéralement mon corps qui s'envole et c'est très facilement que je déplie totalement ma jambe.

Puis l'anesthésiste augmente la dose et deux secondes plus tard, c'est le flash de ma vie: mon esprit survole la pièce; je suis conscient de tout ce qui m'entoure, mais comme un observateur. Puis, après avoir plané ainsi quelques secondes, c'est le *black-out*.

Je m'éveille lentement alors qu'une infirmière m'installe dans une chambre. J'ai terriblement soif et elle refuse de me donner à boire; je parviens toutefois à la convaincre et j'ai droit à quelques gorgées; après avoir bu, je repars au pays des rêves.

Le lendemain, la douleur est insignifiante. Je peux me lever sans toutefois m'appuyer sur ma jambe. Je rencontre la chirurgienne qui m'explique que de minuscules cristaux qui s'étaient formés dans la capsule de ma hanche ont causé l'inflammation. Les analyses ne peuvent déterminer l'origine de ces cristaux. Résultat: une cicatrice de plus et une insensibilité permanente dans la cuisse causée par le déplacement de certains nerfs lors de la chirurgie. Après cinq jours d'hospitalisation, je peux rentrer chez moi.

Je suis à peine rentré que Christine déclare qu'elle part pour une semaine. Elle s'en va sans dire un mot et je reste là, complètement amorphe, vidé. Les enfants ne viennent à la maison que pour manger ou dormir. Je commence à récolter le fruit de ma folie. Quelques jours plus tard, je dois quitter la maison, Christine me chasse. C'est donc en pleine convalescence que tout ce branle-bas commence. Mais pourquoi me plaindrais-je, n'est-ce pas là ce que je voulais?

Après un mois de camping ici et là, je m'installe chez ma sœur Brigitte. Me voilà seul dans une chambre avec mon ordinateur d'un côté, mes livres et mon système de son de l'autre, un matelas de mousse par terre, et mes choses dans des boîtes. La solitude se met bien vite à me ronger, car je sais que ma folie amoureuse ne se concrétisera pas. Assis au salon, je regarde le téléphone et je pleure.

Après de longues hésitations, je téléphone à Christine. Dès qu'elle répond, j'éclate en sanglots et lui raconte toute ma peine, ma bêtise. Elle m'écoute attentivement et me demande finalement si je veux revenir. N'écoutant que ma folie, je refuse. Plus question alors de compter sur elle pour me vider le cœur. Elle décide de consulter un avocat afin d'entamer des procédures légales.

Je dépéris à vue d'œil et au début d'août, une violente crise de foie me ramène à l'hôpital. Me revoilà dans les couloirs de l'urgence de l'Hôtel-Dieu; c'est à croire que l'hôpital est alors le seul lieu où je sais qu'on s'occupera de moi et où je peux être en paix sans me soucier de rien. Après avoir examiné les radiographies, on m'annonce que j'ai quelque chose aux poumons; le foie devra attendre. Le lendemain, un pneumologue m'annonce que seuls des examens plus poussés pourront déterminer la nature des nodules visibles sur les radiographies. On me donne un rendez-vous pour une biopsie avec aiguille pour le 1er septembre 1993. Après quatre jours dans les corridors, mon foie va mieux et je retourne chez moi.

Avec Christine, les choses ne s'arrangent pas du tout: la maison est mise en vente et elle ne veut plus me parler sans consulter son avocat. Septembre arrive et au cours de la biopsie, en retirant l'aiguille de mon poumon, le médecin provoque accidentellement un pneumothorax, soit un dégonflement du poumon, exactement comme une crevaison. Immédiatement, on m'installe un drain et je suis hospitalisé pour au moins cinq jours; le pire, c'est qu'on ne sait même pas si la biopsie a réussi.

Plus tard, mon médecin me téléphone et me dit que le prélèvement ne contenait pas assez de cellules pour révéler quoi que ce soit. Par contre, les analyses sanguines indiquent un débalancement hormonal. Il veut m'hospitaliser immédiatement. À ma demande, il est d'accord pour attendre quelques jours, le temps de me préparer à cette nouvelle épreuve; mais je fuis, je me persuade que je n'ai rien de grave même si dans le fond, je sais pertinemment que quelque chose ne va pas.

* * *

Face à moi-même, vais-je enfin comprendre que cet enfer qui m'entoure est ma propre création, le reflet de mes projections? Il est plus que temps d'agir.

En entrant à l'hôpital, je me sens comme si je retournais chez moi et je trouve cela absurde; ce milieu me terrorise. Les examens recommencent: prises de sang, scanner, scintigraphie, radiographie, etc. C'est alors que j'apprends que j'ai un cancer depuis plus de quatre ans. Au moment de mon opération, je ne le savais pas. Les disciples d'Hippocrate le savaient-ils, eux?

Autorisé à sortir de l'hôpital pour la fin de semaine, je me rends compte que la femme dont je rêve depuis des mois ne m'aime pas. Le dimanche soir, allongé sur mon lit, je fais le bilan de toute cette aventure. Le rêve est terminé et la réalité fait mal: j'ai un cancer et je ne sais pas encore ce qui va se passer. On parle de chirurgie, de chimiothérapie, de radiothérapie; des mots qui font peur, qui signifient souffrances et peines. Cancer est souvent synonyme de mort. Je me demande si j'aurai la force de combattre. Je dois me trouver une raison de vivre. Faut-il vraiment atteindre le fond du tonneau avant de réagir? Épuisé, je finis par m'endormir, bien décidé à reprendre ma vie en main.

Le mardi, je subis une autre biopsie pulmonaire et une trachéoscopie qui détermineront la nature du traitement à prescrire. Depuis quelques semaines, la tension a diminué entre Christine et moi. Elle vient même me visiter avec les enfants. Je suis si heureux de nous voir tous réunis pour la première fois depuis des semaines que j'admets enfin toute l'importance que ces trois personnes ont pour moi. Le bonheur est là, à ma portée et je ne le voyais pas tellement j'étais aveuglé. Je sais ce que je veux: ma famille et rien d'autre. Notre amour n'est pas mort, je le sens; j'ai confiance. À moi de faire les premiers pas.

Ensuite, les événements se bousculent: un hémato-oncologue m'annonce que j'aurai six traitements de chimiothérapie à partir du lendemain. Cette nouvelle me terrasse; j'aurais accepté n'importe quoi sauf cela. Je suis terrifié et la seule pensée de tous les effets secondaires m'effraie. On a beau me rassurer, rien à faire: la peur me paralyse. Je ne sais pas à qui me confier et je me sens terriblement seul. Je n'ose pas poser de questions; l'angoisse me possède totalement. Sachant que Christine demande régulièrement des nouvelles à mes médecins, je décide de lui téléphoner. Nous ne parlons que quelques minutes, mais je sens qu'elle est avec moi; l'amour renaît. Cependant, malgré tous les calmants, rien ne va. Je fuis le sommeil comme si je ne voulais pas me réveiller le lendemain. Des images hantent mon esprit; je me vois malade, faible et mourant. Je me vois mort, couché dans mon cercueil. Je voudrais crier, hurler ma détresse au monde entier. Je maudis la vie, ma vie. Puis, les pleurs viennent noyer et alléger mes tourments; je me sens mieux. Finalement, vaincu par la fatigue et la drogue, je trouve le repos. Au réveil, je me sens d'attaque; ce n'est pas la grande forme mais je me sens prêt. Puis, peu après le déjeuner, on m'annonce que le traitement est reporté d'un jour. Eh bien! Je m'en suis fait du sang de cochon pour rien. L'angoisse m'a fait vivre l'horreur en drainant des forces qui me sont nécessaires pour combattre. Appréhender quelque chose, c'est le vivre deux fois.

Ça y est, le jour J est arrivé. Une infirmière spécialisée se présente avec à la main un coffret de métal contenant tous les médicaments: le «kit», comme je le nommerai plus tard. Le traitement durera soixante-douze heures pendant lesquelles on m'injectera environ huit litres de solutions diverses.

On me donne des calmants puis on installe le soluté. Les sacs de dextrose se succèdent rapidement et on me donne plusieurs drogues pour préparer mon corps au choc de la chimiothérapie. Diurétiques, antinausées, antispasmes, antiallergènes, calmants, tout s'enchaîne dans un ordre précis. Après quelques heures, le médecin arrive et m'injecte la première solution de chimiothérapie. Il est surpris de me voir si éveillé, mais la peur me hante. C'est à peine si je sens l'effet des autres drogues; il tente alors de me calmer et me recommande de ne pas lutter, de me laisser porter par la drogue. Malgré l'angoisse, je sais que ce traitement a pour but de combattre le cancer et d'anéantir ces cellules envahissantes. Je n'ai plus qu'une chose à faire: accepter que toute cette drogue, ce poison, puisse faire son travail au maximum. Je tombe finalement endormi pour ne me réveiller qu'à l'heure du souper.

Le lendemain matin, j'ai les nerfs à fleur de peau. Je ne peux rester en place plus de cinq minutes. La drogue me brûle les entrailles et je ne cesse d'aller du lit à la chaise, et vice-versa, puis dans les corridors. Vaincu par la drogue, les calmants et surtout la fatigue, je finis tout de même par me calmer un peu.

Le dernier jour, je m'installe sur mon lit en regardant le sac se vider lentement. Le sac est presque vide; encore quelques minutes. Dès que c'est fini, je m'habille et pars de l'hôpital avec ma sœur France.

Le lendemain, j'emballe mes affaires et retourne dans ma chambre, rue Jeanne-Mance. Une belle surprise m'attend: la visite de Claire, une grande amie. Elle n'en revient pas de me voir ainsi. C'est vrai que j'ai l'air mal en point; j'ai les yeux vitreux, mon teint est très pâle et je me traîne péniblement d'une pièce à l'autre. J'ai mal partout et je n'arrête pas de bouger. Elle me reproche mon inconscience. «Qu'est-ce que t'attends pour retourner avec Christine?»

Elle a tout à fait raison. En fait, deux semaines après avoir quitté ma femme, je savais que j'avais fait la pire gaffe de ma vie. De plus, j'avais laissé passer la chance qui m'avait été donnée et je le regrettais énormément. Après son départ, retourner chez moi me semble la seule solution possible. Je me dois de trouver rapidement un milieu émotif stable et bienfaisant si je veux m'en sortir. Je me doute que je n'y arriverai pas seul. Et, malgré tout, j'aime encore beaucoup Christine et je sais qu'elle ressent encore pour moi de l'amour et non de la pitié. Mais voudra-t-elle encore de moi? Et les enfants, comment réagiront-ils? Dans la soirée, je me décide enfin. Je téléphone à Christine et lui fais part de mes intentions. Elle me demande vingt-quatre heures pour réfléchir. Je n'insiste pas.

Que cette journée est longue et pénible! Je suis comme un ours en cage; je déambule péniblement dans l'appartement. Je n'ai pratiquement pas fermé l'œil de la nuit. Je ne sors pas, de peur de manquer l'appel de Christine; ma vie en dépend. Le temps s'est arrêté.

Puis, c'est la délivrance. «Tu peux revenir quand tu veux.» Je suis incapable de parler; je pleure comme un enfant et je remercie Dieu qui a su créer tant d'amour chez cette femme à qui je dois la vie. La noblesse et la grandeur d'âme de Christine épatent tous mes proches. J'ai enfin une raison de vivre, quelque chose de beau en quoi je crois fermement. Malgré la faiblesse et le mal qui me terrassent, je prépare lentement mon retour à la maison.

J'arrive avant Christine. Je ne tiens plus en place. Mais bientôt elle entre, nos regards se croisent et son sourire resplendit. Nous nous enlaçons comme si c'était la première fois. Seigneur, que cette étreinte est douce. C'est la première fois depuis trois mois que quelqu'un m'ouvre ses bras avec tant d'amour. Ce sont les moments les plus intenses que j'aie vécus à ce jour. Nous restons là, sans bouger, collés l'un à l'autre; les enfants sourient. La famille est réunie et je suis assuré que cette union ne sera pas dissoute de sitôt.

Ce soir-là, après avoir essayé de dormir pendant plus d'une heure, la bougeotte me reprend. Je me lève et descends au salon faire les cent pas, car je me sens très mal. Tous les muscles de mon corps me font souffrir comme si la drogue cherchait à sortir par tous les pores de ma peau. La nausée me menace à tout instant. La sensation de fatigue est si intense que je marche avec difficulté, à petits pas, de peur de tomber; pourtant, le sommeil me fuit. Finalement, après avoir marché plusieurs heures, je retourne au lit et parviens à dormir par courtes périodes.

Le lendemain, j'ai toutes sortes de malaises et je me demande si c'est normal. Pour m'aider, deux options: le département d'oncologie de l'Hôtel-Dieu et une organisation appelée OMPAC. L'infirmière en chef de l'Hôtel-Dieu me rassure. C'est comme le sevrage d'une forte drogue, m'explique-t-elle; mon corps doit se débarrasser de tout le poison qu'on m'a administré. Plus le traitement est violent, plus le corps réagit. Dans quelques jours je devrais aller beaucoup mieux. D'ailleurs, la réaction au premier traitement est souvent la pire. Ensuite, j'appelle l'OMPAC. On m'informe que l'organisme a été créé afin d'aider les personnes atteintes de cancer à mieux vivre avec cette maladie. On y propose des thérapies de groupe ou individuelles, des livres, des documentaires, bref, un éventail d'outils pouvant aider les malades à accepter, à combattre, voire à vaincre la maladie. J'irai à une rencontre hebdomadaire dès que j'en aurai la force. Les gens de l'OMPAC m'expédient le jour même plusieurs brochures et documents qui me permettront de mieux comprendre les traitements et leurs effets secondaires.

Il y a cinq jours que je suis sorti de l'hôpital et je me sens encore très mal; les nausées sont fréquentes: de violentes nausées pouvant durer jusqu'à deux minutes, mais sans vomissement. C'est très désagréable et après, je n'ai plus de forces. Je dois absolument m'étendre pour récupérer. Puis, au cours de l'après-midi, de fortes crampes abdominales me terrassent pendant une demi-heure. Cependant, mon corps finit par éliminer une bonne partie du poison et je me sens beaucoup mieux. Dans la soirée, je constate une nette amélioration de mon état. Ma vision est redevenue normale et je peux même regarder un film en entier à la télévision sans m'agiter. Je me sens de plus en plus calme et je commence même à avoir très faim. La fatigue que je ressens est différente et, pour la première fois depuis plusieurs jours, je passe une bonne nuit.

Le lendemain, je me sens beaucoup mieux. Nous allons nous balader dans les boutiques. Sans prévenir, une grande faiblesse s'empare de moi et je chancelle en marchant. Nous rentrons. Je comprends que je dois faire très attention afin de ne pas abuser de mes forces. En fait, à compter du premier jour de traitement, je dois attendre dix jours complets avant de pouvoir me permettre de faire quelques activités. À compter du onzième jour c'est la phase de récupération, je me mets alors à manger sans arrêt. Des envies bizarres s'emparent de moi sans raison et je mange des aliments dont je n'avais pas envie auparavant. Mon corps semble me demander certaines substances ou vitamines bien précises afin de combler les manques. Je développe un goût pour les fruits et les légumes que je ne consommais qu'en quantité minime auparavant. Je peux manger un pied de céleri en une heure! C'est plus fort que moi; quand la faim me tenaille, il faut absolument que je mange! Pendant les deux semaines que dure ma phase de récupération, mes activités demeurent restreintes; je m'épuise encore très vite. Je parviens toutefois à effectuer la plupart des tâches ménagères quotidiennes.

Je me décide finalement à aller faire un tour chez OMPAC. Je suis un des premiers arrivés et je me sens mal à l'aise, mais la responsable du groupe se présente aussitôt et la gêne me quitte instantanément. À mesure que les autres participants arrivent, je sens s'installer une espèce de complicité que je ne retrouverai nulle part ailleurs. Pour commencer la discussion, la responsable me demande gentiment de bien vouloir raconter aux autres ma petite histoire. Pour certains, le combat est très difficile alors que pour d'autres, il semble plus aisé. Certains malades, sachant que l'échéance n'est plus très loin, montrent une sérénité telle que je ne peux m'empêcher de les admirer. Leur cheminement personnel a porté fruit; ils savourent la vie à chaque seconde et ne cherchent pas à prévoir ce qui arrivera. Ils acceptent sans se poser de questions. J'ai encore beaucoup de chemin à faire avant d'atteindre ce degré de sérénité. À la pause, plusieurs personnes me donnent toutes sortes de conseils utiles pour contrer les effets secondaires. Cette rencontre me fait du bien; j'y apprends beaucoup. La communication est intense quand on se retrouve entre gens atteints d'un mal semblable. Chacun sachant ce que l'autre endure, il se crée des liens très forts. Je retournerai aux rencontres de l'OMPAC, car il fait bon d'être accepté tel que l'on est.

Ce n'est pas toujours le cas dans la vie. Il m'est arrivé de voir des gens reculer de quelques pas lorsque je leur disais que j'avais un cancer; c'est absurde et ridicule. Une personne atteinte de cancer sera doublement éprouvée si on la tient à l'écart.

Tel qu'une infirmière me l'avait prédit, vingt jours après le traitement, mes cheveux commencent à tomber; c'est à grandes poignées que je les arrache de ma tête. Je dédramatise la situation, en emportant avec moi un petit sac de plastique dans lequel je les dépose tous. Lorsque quelqu'un remarque que j'ai perdu mes cheveux, je fais signe que non, en montrant le sac où il y en a beaucoup plus que sur ma tête. Après deux ou trois jours, c'est très laid. J'ai l'air deux fois plus malade avec ces touffes de cheveux clairsemés. Je décide donc sans hésitation de raser le tout. Un seul problème: le froid. On perd beaucoup de chaleur par la tête et je suis constamment gelé. Je m'habitue donc à porter de petits foulards et je m'achète même un chapeau. Ce phénomène inévitable de chute des cheveux ne m'affecte pas outre mesure, car je sais qu'ils repousseront après les traitements; de plus, plusieurs personnes m'ont dit que je portais très bien mon crâne rasé.

Il y a déjà trois semaines que je suis sorti de l'hôpital et dans quelques jours, je subirai un autre traitement. J'ai peur. Personne n'aime souffrir; dans mon cas, ce n'est pas le cancer qui rend malade mais la chimiothérapie. Je me concentre au maximum sur le présent tout en gardant mes forces pour la prochaine étape. La veille de mon entrée à l'hôpital, je vais chez OMPAC. Confier mes peurs au groupe me fait du bien; c'est demain le traitement, pas avant.

De tous les traitements subis, celui-là est le plus difficile; heureusement que j'ai de l'aide. Après le traitement, comme je suis seul à la maison, Christine s'inquiète beaucoup: elle prend contact avec le Centre de bénévolat de Saint-Basile qui me fournit une aide précieuse au cours des jours difficiles. Je vomis énormément les dix premiers jours. Ensuite, tout va très bien et je me remets à manger comme un défoncé. Je constate alors que le cycle est le même qu'au premier traitement; dix jours de malaises, deux semaines de récupération et quelques jours pour reprendre mes forces avant le prochain assaut.

Je reçois beaucoup de visites. Je me sens bien et j'ai confiance. Après le prochain traitement, j'aurai atteint le point de non-retour et bien que ce soit pénible, je sais maintenant que je vais passer au travers. Le plus important et aussi le plus difficile, c'est d'arriver à vivre au jour le jour sans se poser de questions. Apprendre à apprécier tous les instants de bien-être et ne vivre les malaises que lorsqu'ils se présentent. Chasser la peur par la pensée positive et la visualisation; occuper mon esprit de façon constructive et surtout être persuadé que je peux vivre même avec un cancer. Lorsqu'on est atteint d'une telle maladie, beaucoup de choses changent en nous. Certaines peurs qui me hantaient auparavant ont complètement disparu. La longévité n'a plus la même importance; c'est la qualité de vie qui compte maintenant. Lorsque les souffrances s'envolent, j'apprécie le bien-être.

Le troisième traitement se déroule très bien. Je découvre un nouveau truc pour me faciliter la tâche. Pendant le traitement et les jours qui suivent, je me laisse porter par la musique. À l'hôpital, mes écouteurs ne me quittent plus, sauf pour dormir. À la maison, la musique est omniprésente. Je me détends et tout devient plus facile. Je dois croire aveuglément aux effets positifs de ces traitements. Ai-je le choix? Pas vraiment! Mais jusqu'à présent, cela ne m'a pas fait mourir et tant que je vivrai, je combattrai. Pas besoin d'avoir un cancer pour comprendre l'essentiel de la vie; la seule différence, c'est que cette maladie permet de progresser plus vite.

Le troisième traitement terminé, j'ai déjà traversé la moitié du programme et outre les malaises courants, tout s'est bien passé. Le temps s'envole et c'est déjà Noël. Ce Noël restera l'un des plus beaux de ma vie. Mon cadeau le plus cher m'est offert par Christine qui, une fois de plus, sait faire vibrer tout mon être. Elle me tend une toute petite boîte. J'ouvre lentement et je trouve un petit hameçon accompagné d'un message.

«Cher grand-papa, prends bien soin de toi, je t'attends.

Ton petit-fils.»

Cela peut sembler idiot, mais pour moi, ce simple présent représente beaucoup. Depuis que je suis enfant, la pêche a toujours été mon activité préférée et, malgré toutes les promesses que je m'étais faites, je n'ai jamais pris le temps de faire connaître ce plaisir à mes enfants. Pourquoi? Je ne sais pas. Je suis souvent allé à la pêche seul ou avec des copains, mais rarement avec mon fils ou ma fille. Naturellement je ne peux pas changer le passé. Je ne peux que bien vivre le présent et accepter ce message venant du futur; un petit enfant à venir me tend déjà la main. Il souhaite déjà aller à la pêche avec son grand-père. Si Dieu le veut et si mes enfants me donnent la joie d'être grand-père, tous leurs enfants auront la chance de venir taquiner le poisson avec moi. En plus de me donner une raison de vivre, Christine me livre un message d'amour immense.

Je profite bien de ces journées de réjouissance et je refais mes forces, car le quatrième traitement approche rapidement. Ce sera le plus facile de tous; je ne sais pas si mon corps s'est habitué à la drogue mais j'ai plus de facilité à le supporter. Je sens tellement d'amour autour de moi que cela me donne la force de faire face à la souffrance avec plus de sérénité. Je persiste à croire aux bienfaits de la chimiothérapie et malgré le mal parfois intolérable, je suis convaincu que le cancer en souffre beaucoup plus que moi.

Après le cinquième traitement, seul le fait de savoir qu'il ne m'en reste qu'un seul me donne des forces. J'ai seulement hâte que tout soit fini. Je vais passer un scanner abdominal; je vais enfin être fixé sur l'évolution de la maladie. Lorsque la technicienne m'injecte la dose massive d'iode, j'ai une violente réaction. Habituellement j'ai un peu la nausée, mais cette fois-ci c'est intenable; en plus j'ai l'impression que ma tête va éclater et j'étouffe. Ma respiration devient difficile, je tousse sans arrêt.

Après de longues minutes, je reprends le dessus; je respire plus facilement et lentement, les malaises disparaissent. Immédiatement, on m'injecte un antidote et trois minutes plus tard, je plane en douceur. L'examen est tout de même réussi, mais plus question de m'injecter de l'iode à nouveau: j'y suis devenu allergique avec l'usage.

Au début du dernier traitement, j'apprends de bonnes nouvelles: les métastases ont soit diminué ou sont demeurées stables et l'adénocarcinome a disparu. Malgré cela, jamais un traitement ne m'aura paru aussi long. Je regarde les gouttes tomber du sac et le dernier jour s'éternise. Pourtant, tout s'est très bien passé, je n'ai pas eu une seule nausée. Christine vient passer avec moi les trente dernières minutes. Ensemble, nous regardons le sac se vider lentement, trop lentement à mon goût. Dès qu'il est vide, je retire moi-même le cathéter de mon bras, car l'infirmière ne vient pas assez vite; je suis plus qu'impatient de quitter les lieux. Lorsqu'elle arrive, je suis déjà en train de m'habiller et cinq minutes plus tard, nous rentrons à la maison.

J'ai vaincu la chimiothérapie, l'enfer est enfin terminé. Je sais que je ne suis pas guéri, mais j'ai fait un bon bout de chemin. Il ne me reste qu'une chose à accomplir pour atteindre tous les objectifs que je me suis fixés: arrêter de fumer. J'ai essayé à quelques reprises, mais je n'ai pas réussi. Je demeure cependant convaincu que je vais y parvenir; après tout, ce ne peut pas être pire qu'un traitement de chimio.

Il y a près de deux mois que je suis sorti de l'hôpital et tout va très bien. Mon oncologue me trouve en pleine forme et je pourrai reprendre le travail dans environ deux mois. Des six métastases que j'ai aux poumons, quatre ont encore diminué et deux sont restées stables. Quant à l'adénocarcinome surrénalien, aucun problème. Selon l'oncologue, la maladie peut rester sans progresser plusieurs années ou quelques mois; c'est le petit côté sournois du cancer. Je dois apprendre à vivre en conséquence. Je peux aider mon corps à combattre la maladie en m'alimentant mieux, en cessant de fumer, en faisant de l'exercice et surtout en acceptant tout avec calme et sérénité. Ne vivre qu'un jour à la fois et profiter au maximum des bienfaits de la vie.

Cette expérience de souffrance et d'angoisse, cette route difficile au bout de laquelle je ne voyais souvent que la mort qui semblait m'attendre, je l'ai parcourue. Jusqu'à présent, la vie a toujours eu le dessus. Je crois donc fermement en cette force que nous possédons tous, cette rage de vivre qui nous permet d'accomplir de grandes choses, même des miracles. Je me sens plus fort, plus déterminé que jamais. Beaucoup de choses ont changé en moi et j'en ai encore beaucoup à changer. La vie est belle; elle vaut la peine d'être vécue, peu importe les épreuves que nous devons traverser. Je ne sais pas quand s'arrêtera cette vie qui est mienne et c'est la même chose pour chacun de nous. Je ne puis affirmer que le cancer me tuera; je peux mourir accidentellement. Alors, pourquoi me casser la tête? Il suffit de vivre un jour à la fois; demain arrivera bien assez vite.

La mort n'est pas une fin en soi, c'est une renaissance. J'y crois, je n'ai plus peur. Je veux vivre, aimer, donner, partager et savourer chaque seconde de la vie. Et de tous les bienfaits, de tous les biens matériels, de toutes les merveilles que l'on peut admirer ou posséder, c'est notre propre vie qui est le trésor le plus précieux, car comment pourrions-nous jouir de tout ce qui nous entoure si nous n'avons pas l'essentiel? La vie est un don, un don de Dieu et rien ne peut la remplacer.

Je m'accroche, je ne lâche pas prise. Mon rêve se précise. J'ai gagné la première bataille.

QUE LE CANCER SE BATTE CONTRE MOI,
LE COMPTE À REBOURS EST ARRÊTÉ.

Gigi Harvey

Mon combat

Je dédie mon témoignage à mes filles, Manon et Nathalie Lemieux, et à tous mes amis, qui par leur présence et leur amour m'ont été d'un grand soutien moral durant l'épreuve de la maladie.

Ma gratitude va tout spécialement à Denise Leduc qui a donné naissance au projet d'écriture, à Christine Piché, Jacqueline Gauthier et Gilles Langlois qui ont contribué à la transcription informatique de mon ouvrage. Aux responsables de l'OMPAC pour l'accueil et l'aide qu'on m'a apportés. Aussi à Jacqueline Gauthier pour son enthousiasme et son dévouement apportés tout au long du projet, surtout pour la représentation du groupe auprès de l'éditeur.

Merci au groupe des neuf pour leur amitié.

Entrée dans l'obscurité

Au mois de janvier 1988, je remarque une bosse sur mon sein gauche. Commence alors la période la plus difficile de ma vie. Je consulte un médecin qui me prescrit une mammographie puis une biopsie; j'apprends alors le cruel diagnostic: «tumeur maligne». En réaction au diagnostic, je passe d'une hébétude à une rage intense que je ne peux exprimer.

Pour moi, le mot «cancer» est synonyme de «mort». Deux membres de ma famille — une sœur et un frère — sont morts de cette terrible maladie. Ma peur est si forte qu'elle me fige; je ne sais comment réagir. Je veux pleurer et crier mais je réprime plutôt mes sentiments et m'interdis de pleurer. Ma première réaction est de refuser d'y croire; puis je demande: «pourquoi moi?» Plus les jours passent, plus je trouve la vie injuste et plus je me sens frustrée.

À ce moment-là, je suis en instance de divorce. Je me sens très seule. J'ai mes filles auprès de moi, mais je ne veux pas leur parler de mes peurs, encore moins du désespoir qui m'envahit; je ne veux pas ajouter à ce fardeau de peine que nous leur imposons par notre divorce. Elles me donnent la force de m'accrocher à la vie, quel que soit le temps qu'il me reste à vivre.

Le lendemain du diagnostic, je suis admise à l'hôpital pour l'ablation de la tumeur et des ganglions lymphatiques. Une amie, Michelle, qui a subi la même opération trois ans auparavant, me propose de m'accompagner à l'Hôtel-Dieu. Comme je ne peux compter sur mon mari, je suis ravie d'accepter son offre. C'est bon d'avoir quelqu'un près de soi dans une telle circonstance.

Nous voilà en route pour l'hôpital. Déjà, je me sens mieux. Sortir de la maison m'est bénéfique.

La chambre qui m'est réservée est la dernière au bout du corridor. Elle est spacieuse et bien éclairée par de grandes fenêtres avec vue sur la croix du Mont-Royal et le parc Jeanne-Mance. L'espace et la lumière qui pénètre dans la chambre m'inspirent; j'ai envie de peindre. Le soir même, je demande à une de mes filles de m'apporter mon chevalet.

Le lendemain de l'opération, je me lève pour faire ma toilette et me maquiller. Après la visite du médecin, je m'installe devant ma toile pour assouvir ma passion. La porte de ma chambre restera fermée, loin des bruits et des regards curieux des malades qui se promènent dans le couloir. Je veux oublier le plus possible que je suis à l'hôpital; je préfère m'imaginer dans une chambre d'hôtel.

Le temps passe rapidement. Beaucoup d'amis me rendent visite et ma chambre est égayée de nombreux bouquets de fleurs. Je me sens aimée, entourée de mes filles et d'un bon nombre d'amis. C'est alors que je décide de me battre contre cette maladie. Je dois dire que je pense beaucoup plus à mon divorce qu'à mon cancer. Le retard dans les procédures est l'objet central de mes préoccupations. Je veux en finir au plus vite, ma décision étant prise depuis longtemps. Cette maladie soudaine vient déranger mes plans. Il me faut attendre que tous les traitements soient terminés et ensuite récupérer un peu de force avant de repasser à l'attaque. Parfois, il m'arrive de mettre en doute ma décision, croyant qu'après cette épreuve mon mari changera peut-être et que, s'il a encore un peu d'amour pour moi, il se rapprochera et nous recommencerons à zéro. J'ai encore des attentes et si elles ne sont pas comblées, la déception et la frustration en seront la conséquence encore une fois. «Toute ma vie a été composée d'attentes, me dis-je. Je ne veux plus retomber dans le même scénario. Il est trop tard: tant qu'à me sentir seule en sa compagnie, autant être vraiment seule!»

Marche dans les ténèbres

Après douze jours d'hospitalisation, le retour à la maison est très pénible. Je n'ai ni le goût ni la force de continuer à vivre avec l'homme à qui, deux mois auparavant, j'ai formellement demandé le divorce.

Plus les jours passent, plus la tension augmente. L'atmosphère devient insupportable. Je m'arrange pour ne pas me retrouver dans la même pièce que mon mari. Je peins le plus possible: c'est pour moi la seule façon d'oublier et de me détendre. Plus je peins, plus je me libère de mes peurs et de mes angoisses. Je me sens beaucoup mieux, je suis transformée; une force intérieure m'envahit.

Je finis par accepter les traitements qu'on me propose. Seule, je me rends chaque jour à l'Hôtel-Dieu pour un traitement de radiothérapie. J'arrive chez moi de plus en plus épuisée; les nausées augmentent de jour en jour. Je me rends compte, après quelques traitements, que la peur accentue ma fatigue et mes malaises. Alors, pour y remédier, je trouve le moyen de la chasser en «parlant» à l'appareil de radiothérapie.

«Oh! machine! Comme j'ai peur de toi! J'ai un contrat de six semaines avec toi. Tu es conçue pour brûler mes cellules cancéreuses. J'expose mon corps à tes rayons. Je te demande de faire attention aux autres cellules qui sont saines, j'en ai besoin. Limite-toi à celles qui sont malades. Préserve surtout mes poumons et mes organes environnants. Je te fais confiance; je suis contente que tu puisses m'aider à me débarrasser de ces cellules maudites. Je n'en veux plus dans mon sein. Épargne-moi aussi de tes effets secondaires. Je te remercie de ton aide; c'est déjà terminé pour aujourd'hui, je reviendrai demain.»

Cela paraît simpliste, mais mon but est d'occuper mon esprit afin d'éviter d'y laisser entrer des pensées qui engendreraient des émotions négatives. Je réussis par ce moyen à atteindre mon objectif: faire confiance, ne plus avoir peur, éliminer tous les malaises. Même si mes visites quotidiennes à l'hôpital me fatiguent toujours, le fait de me concentrer sur ma «communication» avec la machine améliore grandement mon état.

Descente aux enfers

Le traitement est enfin terminé. Je ne sors plus de la maison. Mon appétit diminue de jour en jour. Je passe de l'espoir au désespoir; plus je perds mes forces, plus mon désespoir est grand. Je m'enferme dans ma chambre tous les soirs pour éviter de rencontrer mon mari qui est devenu mon ennemi et à qui j'ai déclaré la guerre en demandant le divorce. Je me sens épiée, jugée. Lorsqu'il m'arrive de croiser son regard, je suis pénétrée par la froideur de sa haine. Nous ne nous parlons plus que par l'intermédiaire de nos avocats.

Six mois se sont écoulés depuis ma demande de divorce. Mon mari refusant de me laisser la maison, nous vivons toujours sous le même toit, tout en faisant chambre à part. La tension devient insupportable. Je n'arrive à dormir que quelques heures par jour. Une nuit, dans le creux de la vague, je me sens emportée dans un tourbillon de peurs et d'angoisses qui envahissent successivement mon esprit. Impuissante, je ne parviens plus à diriger ma pensée. Soudain, une idée s'impose et m'obsède: «me suicider», en finir avec la souffrance, mettre fin à mes jours qui ne sont que ténèbres. Je suis si fatiguée que je veux dormir, dormir pour toujours. Des somnifères? Non, j'ai trop peur d'avoir mal. Le monoxyde de carbone me paraît un meilleur choix. L'auto de mon mari est toujours dans le garage, les clés à l'intérieur. Dormir enfin en paix, au son du moteur qui tourne, partir en douceur et surtout lui faire la sinistre surprise de découvrir mon corps inerte dans sa voiture, quel coup! Épuisée, je n'arrive plus à sortir cette vision de mon esprit. Chose étrange, elle prend la forme d'un rêve: je me vois couchée dans mon lit, tandis que mon corps se dédouble. Une partie de moi est attirée hors du lit par une force irrésistible. Mes mouvements sont lents et légers comme ceux d'une somnambule. Je sors de ma chambre très lentement, descends l'escalier, passe à travers plusieurs pièces pour me diriger vers le garage. J'ouvre la porte intérieure du garage et la portière de l'auto; je monte pour m'installer derrière le volant, mon bras engourdi s'allonge pour tourner la clé de contact... il n'y a pas de clés! Soudainement, je sors de ma torpeur et réalise ce que je suis en train de faire. Je m'entends dire à voix haute avec énergie: «Mais qu'est-ce que je fais ici?» Un frisson parcourt mon corps et je reviens à la réalité. Reprenant mes esprits, je me dis: «Non, c'est trop facile. Je vais continuer à me battre. Je ne dois pas donner cette image de découragement à mes filles.» Dans mon affolement, je me pince les joues comme pour vérifier si c'est bien moi qui veux faire une telle bêtise. Je sors en vitesse de l'auto pour regagner ma chambre presque en courant. Là, dans mon lit, le cœur battant à me fendre la poitrine, je comprends alors que cette force qui me pousse à faire un tel geste a un nom: «désespoir». Ce qui semble être un rêve est bien la réalité. J'en éprouve de la honte et une douloureuse tristesse qui se manifestent par des sanglots que je ne peux retenir. J'ai l'impression de descendre aux enfers; tout est noir, je respire difficilement, j'ai très froid et dans ce moment de détresse, à travers les larmes, je crie: «Mon Dieu aide-moi, aide-moi, je n'en peux plus, aie pitié de moi, je t'en prie, aide-moi.» Je m'abandonne totalement à ma peine. Peu de temps après, libérée de toutes les tensions accumulées, je vois une lueur d'espoir apparaître dans le noir et je crois entendre une voix intérieure me dire: «N'aie pas peur, je suis là.» Je sens soudain une paix m'envahir, une grande lumière réchauffe mon cœur, je remercie alors le ciel de me donner espoir et de m'aider à retrouver la foi.

Je passe le reste de la nuit à réfléchir sur cette expérience qui aurait pu être tragique. Heureusement que mon mari avait enlevé ses clés ce soir-là, en arrivant de son travail. J'essaie de comprendre pourquoi j'en suis rendue là.

Cette nuit éprouvante me plonge dans une sorte d'anéantissement pour quelques jours. Seule toute la journée, je n'arrive plus à faire des efforts pour me lever et manger. Je reste couchée, immobile, pendant des heures et des heures. Je garde le téléphone dans mon lit, à portée de la main; quelquefois, une amie me tire de mon inertie en me téléphonant pour prendre de mes nouvelles. J'appréhende l'arrivée de la fin de semaine, car mon mari sera là pendant deux jours entiers. Il boit de plus en plus. Je fais tout pour l'éviter, mais à l'heure des repas, c'est plus difficile; pour mes filles, je me sens obligée de tout préparer comme d'habitude.

Le samedi, après le déjeuner, j'annonce à mon mari que j'ai changé d'avocat. Il devient furieux, m'injuriant et criant: «Je vais te tuer!» Il casse une assiette et se blesse à la main. À la vue du sang, affolée, je m'enfuis dans ma chambre. Un peu plus tard, après le départ de nos filles, il monte l'escalier à plusieurs reprises en disant: «Je vais tuer quelqu'un ici! Je vais tuer quelqu'un ici!» Je ne porte pas trop attention à ces paroles; je crois qu'il veut tout simplement m'intimider. Il entre dans ma chambre prendre une des carabines rangées dans la garde-robe. Je fais semblant de dormir. Il revient prendre la boîte de cartouches. Je reste calme. Il revient une troisième fois; je fais toujours semblant de dormir. J'entends un bruit bizarre comme celui d'une corde qui casse, puis des pas en direction de la porte de ma chambre qui se referme avec une telle force que j'en sursaute. Intriguée, le cœur battant à tout rompre, je me lève pour chercher ce qui a pu être cassé. C'est le fil du téléphone. Je prends conscience alors que ma vie est en danger; je suis seule avec lui, il est en état d'ébriété et en possession d'une arme à feu. J'en tremble de peur, figée sur place, j'écoute le va-et-vient des pas au premier étage et à mon grand étonnement, je l'entends fermer la porte principale de la maison et faire démarrer son auto. Ce jour-là, prise de panique, je quitte la maison pour ne plus y revenir, avec quelques vêtements seulement, et je me réfugie chez mon amie Michelle. Quinze jours plus tard, nous passons en cour pour les mesures provisoires.

Croisée des chemins

Installée depuis deux mois dans mon nouveau logis, je vis enfin paisiblement. Seule! Je sens le besoin de faire une rétrospective de ma vie et je relis mon journal intime dans lequel, depuis que j'ai reçu une formation en psychosynthèse, j'écris ce que je ressens dans mes moments de détresse. Il est très important pour moi de ressentir ce que j'exprime par écrit, car c'est au niveau des sentiments que réside ma blessure et non au niveau de ma tête. C'est ma façon de me libérer de mes émotions et de mieux me connaître. Écrire me permet aussi des prises de conscience qui m'amènent à prendre les moyens de m'en sortir. En relisant mon journal, je me rends compte que j'ai passé des années à pleurer pour des crises et des incidents dus à l'alcool, sans jamais me douter que le vrai problème, c'était l'alcoolisme de mon mari! Grâce à un groupe Al-Anon (groupe de soutien pour les personnes vivant auprès d'un alcoolique), j'ai découvert que je n'étais pas seule à croire qu'en aidant mon conjoint à changer, ma relation changerait et que je serais plus heureuse. Cette attirance à vouloir aider et la tolérance grandissante m'amènent à m'oublier, à une quasi-impossibilité de communiquer, à des problèmes d'intimité. À m'autodétruire. J'ai parfois une piètre opinion de moi qui frise la haine, le refoulement et la culpabilité. Ces comportements sabotent des rapports qui pourraient être fructueux, m'interdisent de trouver la paix et le bonheur avec la personne qui doit compter le plus dans ma vie, moi. Afin d'y remédier, j'essaie de définir ce qui peut et ce qui ne peut pas être changé. Dans l'incertitude, je demande de l'aide en répétant très souvent la prière de la sérénité:

«Mon Dieu donnez-moi
la SÉRÉNITÉ d'accepter les choses que je ne peux changer,
le COURAGE de changer les choses que je peux,
et la SAGESSE d'en connaître la différence.»

J'en arrive à comprendre que la seule personne que je peux changer, c'est moi.

Quiconque a vécu avec un alcoolique comprend à quel point cela peut être pénible. Pourtant je sais très bien que derrière ce problème, il y a une personne sensible, mais je ne peux l'atteindre. J'ai passé ma vie à me sentir responsable de mon mari et de tout ce qui m'entourait. Dans un long processus, j'ai appris à lâcher prise.

Plus que tout au monde, je désire une relation conjugale chaleureuse, empreinte d'amour et d'intimité. Pour moi, une «relation adulte», c'est une relation intime et affectueuse entre deux personnes satisfaisant leurs besoins sexuels, leurs besoins d'être à deux et d'échanger. Comme ma relation me rend plus malheureuse qu'heureuse, alors il me reste à choisir entre une dépression chronique si je reste ou une dépression terrifiante si je pars. Je souffre profondément de voir mon mari se détruire, sous mes yeux, me détruire et détruire la famille par la même occasion.

J'ai fait tout ce que je croyais pouvoir faire pour améliorer ma relation avec mon mari. Mes filles ont terminé leurs études, elles peuvent voler de leurs propres ailes. Par amour, je laisse à mon conjoint la possibilité de régler ses propres problèmes. La meilleure chose que je puisse faire pour lui, c'est de le laisser s'enfoncer davantage au lieu de le supplier d'arrêter de boire. C'est pourquoi j'ai décidé de demander le divorce.

Chute dans le vide

Presque quatre ans se sont écoulés depuis qu'on a découvert mon cancer du sein. Depuis, je vis comme avant (avec un peu moins de résistance), sans me faire de soucis. Le cancer fait partie du passé; tous ces souvenirs sont devenus de mauvais cauchemars.

Juillet 1991. Je suis aux Bahamas, en vacances sur notre bateau. Je profite au maximum de ces joies de la vie: le soleil, la mer et la liberté. En bikini, je m'installe sur le pont pour me faire bronzer. En appliquant de l'huile de protection sur mon corps, je découvre avec horreur une espèce de cordon sous la peau de mon sein. Cette forme est identique à celle qu'on m'a enlevée au même endroit en février 1988. Je suis soudain prise de vertige. Ma vue s'embrouille, je ne veux plus voir, je ferme les yeux et me tourne sur le ventre. Envahie par la peur, je reste immobile. Puis, pour réagir devant cette peur, je décide d'aller prendre une douche. Tout en m'essuyant rapidement, je lève les yeux, je fais face au miroir, j'examine cette forme avec attention. Tout autour de la cicatrice, la peau est noircie. Je me dis, pour me rassurer: «Il est normal que la peau soit un peu plus foncée à cet endroit, elle est étirée à cause de la cicatrice qui la rend plus fine, les rayons du soleil l'ont un peu brûlée; quant à la forme, c'est sûrement la cicatrice qui tire les tissus à cet endroit.» À partir de ce moment, je n'y pense plus. Rassurée, je profite de mes vacances.

Deux mois plus tard, je constate que ce cordon est plus long, plus en relief, plus tendu et plus dur. Je prends aussitôt rendez-vous avec mon chirurgien. Le jour venu, mon médecin m'annonce qu'il faut faire une biopsie. Je ne m'inquiète pas trop.

Dix jours après la biopsie, me voilà dans le bureau de mon oncologue pour prendre connaissance du rapport du pathologiste. Papiers en main, il n'y va pas par quatre chemins: l'analyse confirme le diagnostic de récidive locale d'un adénocarcinome infiltrant le sein gauche. Du même souffle, il m'annonce la présence d'un cancer résiduel dans les huit dixièmes des coupes transversales pratiquées. Il y a aussi évidence d'envahissement des canaux lymphatiques. Le médecin s'avance et pose ses bras sur son bureau pour se rapprocher de moi:

— Il va falloir vous enlever le sein.

Totalement déroutée, j'ai l'impression de sortir d'un mauvais rêve. Tout tourne autour de moi. Je me ressaisis et demande:

— Est-ce la seule solution?

— Dans votre cas, c'est la mastectomie totale suivie d'un traitement de radiothérapie si vous n'avez pas eu la dose maximale en 1988. Je vous réfère en radio-oncologie et je vous reverrai la semaine prochaine.

Je suis anéantie par la nouvelle. La réapparition de la maladie qui ronge mon corps et l'amputation d'un sein me désespèrent. Je garde le silence, je serre les dents et je retourne chez moi. Je sens que quelque chose va éclater. Puis, j'ai de terribles nœuds dans l'estomac, des crampes dans le ventre et je me jette sur mon lit. Je sens monter un énorme sanglot que je laisse sortir dans un cri de désespoir: «Non! Je ne veux pas qu'on m'enlève le sein! Je vais mourir!» Je pleure, je pleure toutes les larmes de mon corps. Je cherche en vain une délivrance, une solution, une porte de sortie pour me libérer du désespoir qui m'habite, mais je ne cesse de pleurer. Puis, d'épuisement, je m'endors. À mon réveil, je sens en moi la force de continuer à me battre; toutes les larmes que j'ai versées m'ont débarrassée de mes tensions, de mes peurs.

Une semaine plus tard, je me rends en radiothérapie et je fais part au médecin de mon désir de conserver mon sein. Malheureusement, j'apprends que j'ai déjà reçu la dose maximale de radiothérapie externe. Il me propose alors la curiethérapie locale qui, au Québec, s'effectue seulement à Sherbrooke. Je me rends à Sherbrooke, le cœur rempli d'espoir. Le radiothérapeute m'explique en quoi consiste le traitement: il s'agit de passer, sous anesthésie, de petits fils à travers le sein afin de faire une exposition interne et locale sans affecter les organes adjacents.

Je fais part à mon chirurgien de mon hésitation à opter pour cette forme de thérapie; il me donne alors la réponse qui m'aide à renoncer à ce genre de traitement:

— Ne croyez surtout pas que votre sein sera le même après cette intervention.

Intérieurement, ma décision est déjà prise. Je ne veux pas conserver un sein qui ressemblera à une pelote d'épingles.

— Alors, il me reste à me résigner pour la mastectomie totale... J'ai besoin de temps pour me faire à cette idée.

— N'attendez pas trop longtemps.

Je téléphone à Sherbrooke pour parler au radiothérapeute de mon hésitation.

— Vous êtes à la limite; ce traitement se fait normalement à l'intérieur du mois suivant l'exérèse de la tumeur. Il est grand temps que vous me donniez votre accord. J'amorce les démarches?

Spontanément, je prends ma décision:
— Non! Je refuse ce traitement.

Pénible relève

Les jours passent. Je me bute à la difficulté de prendre une décision pour la mastectomie. Je récupère mon dossier à l'hôpital et je consulte trois autres chirurgiens dans différents hôpitaux, espérant que l'un d'eux me propose un autre traitement. Mais, hélas, ils sont tous du même avis! Découragée, je me laisse aller à la dérive. Je n'ai plus le goût de me battre. Je passe ma vie en revue comme si elle allait se terminer bientôt. Je n'y vois que souffrances. Je suis hantée par les images de la maladie. Mon imagination va jusqu'à me représenter en train de dépérir graduellement, puis de mourir, de cette terrible maladie, comme ma sœur et mon frère. Je perçois le danger; il faut que je réagisse avant de me laisser emporter par la dépression. Je me sens très seule, j'ai besoin de parler à quelqu'un en toute confiance, j'ai besoin de soutien. Je découvre un organisme qui répond à mes besoins: OMPAC. C'est pour moi une grande famille; je m'y sens chez moi. Après quelques visites, Christiane de l'OMPAC me suggère de continuer à écrire dans mon journal afin de mieux découvrir mes tensions émotives.

Je constate que je suis extrêmement rigide. Je m'oblige à accomplir des choses dont je n'ai pas envie, en raison d'une décision prise antérieurement. Ce qui est important, je crois, c'est de me donner le droit de réévaluer ma décision, quitte à changer d'idée. Au lieu de cela, je dis: «Je dois le faire» ou «Il faut que je le fasse». Souvent, par ces obligations que je m'impose, je m'épuise.

La tension émotive se crée lorsque j'aborde des problèmes d'adulte avec des réactions d'enfant. Par exemple, lorsque je m'obstine à vouloir défier les lois naturelles de la santé en travaillant avec excès. C'est surtout mon perfectionnisme qui crée une tension émotive en moi. Ma réaction d'enfant est de vouloir tout faire à la perfection pour être appréciée des autres et de moi-même.

Je me souviens que vers l'âge de cinq ans, ma mère m'avait un jour donné une corvée (laver l'escalier) dont je m'étais débarrassée hâtivement pour aller jouer dehors. Après l'inspection de ma mère, j'ai dû le laver une seconde fois parce que je ne m'étais pas appliquée. Depuis ce jour, je n'ai jamais recommencé un travail; au contraire, j'essaie de le faire du mieux que je peux.

Comme moi, la plupart des gens ignorent que la tension émotive est, aujourd'hui, la cause principale des maladies. Quand on découvre les conséquences néfastes de cette tension, on comprend la nécessité d'apprendre à développer une philosophie d'harmonie intérieure. Notre esprit doit être nourri par des pensées positives. La peur, l'anxiété, les soucis, l'appréhension entraînent toutes sortes de misères et de souffrances.

Ayant grandi dans une famille de quatorze enfants, j'ai toujours eu l'impression d'avoir manqué d'amour. À l'âge de six ans, mes parents m'ont envoyée dans un pensionnat. Je me suis alors sentie rejetée et très seule. Plus tard, j'ai remarqué les signes de satisfaction dans les yeux de mon père lorsqu'il nous annonçait la naissance d'un petit frère; mais lorsque c'était une petite sœur, je pouvais lire la déception sur son visage. Dans ma tête d'enfant, j'en ai conclu que j'avais moins de valeur qu'un garçon et qu'il ne m'aimait pas. Par la suite, j'ai adopté le comportement d'une petite fille très sage afin d'être aimée de mes parents. Je sais pourquoi j'attache autant d'importance à me sentir aimée aujourd'hui.

Mon éducation a fait de moi une femme douce et aimable. Je crois toujours que l'agressivité et la colère sont des émotions négatives, et chaque fois que je sens ces émotions monter en moi, j'ai tendance à les contenir. Je cherche à les étouffer, ainsi que toutes les pensées qui les accompagnent. En plus de refouler ces émotions, je les juge. Elles se retournent alors contre moi et s'y ajoutent alors des sentiments additionnels qui ont souvent la couleur de la culpabilité et de la haine envers moi-même. J'ai le choix de les accepter ou de les nier, mais nier ou refouler mes émotions ne peut les neutraliser; elles continuent à agir sur moi.

Lueur d'espoir

Être en santé, c'est s'aimer tel que l'on est dans tous les moments de la vie, que ce soit dans la colère, le bonheur, la tristesse, le malheur, le rire, la folie, la logique, la raison, l'intuition ou la créativité. Une phrase d'un de mes professeurs m'a frappée:

«Tout ce qui ne s'exprime pas, s'imprime.» Je ne l'ai pas oubliée; cependant, j'éprouve de la difficulté à exprimer mes émotions.

La colère est une émotion normale si je l'exprime sur le moment. Dans le cas contraire, elle se change en rancune ou en ressentiment et devient destructrice. En ne tenant pas compte de mes besoins émotionnels, je me rends vulnérable à la maladie. Si je gère correctement mes émotions au moment où elles surgissent, je n'ai aucune raison de tomber malade.

À mon avis, toute maladie a une composante psychosomatique. Bien sûr, la maladie résulte de plusieurs facteurs. Chacun a son hérédité, son conditionnement, ses forces, ses fragilités, ses ignorances et est placé devant des moments difficiles à passer. La maladie survient lorsqu'une brèche se crée dans l'équilibre, en raison, par exemple, d'une suite d'événements troublants, d'une situation qui crée trop de pression intérieure... C'est à ce moment que le système devient vulnérable ou que la région la plus faible du corps flanche...

Le Dr Siegel, auteur du livre *L'amour, la médecine et les miracles*, prétend que les gens qui nient leurs besoins fondamentaux seraient plus portés à être atteints de cancer. Le cancer est associé au chagrin et à la dépression. Lorsqu'on observe les déboires, les problèmes, les maladies qui se manifestent soudainement chez des gens, on se rend compte que ces événements ont très souvent été précédés de «troubles émotifs» qui perturbaient sérieusement le subconscient. L'apparition d'un cancer est fréquemment précédée d'une perte traumatisante ou d'un sentiment de vide et d'inutilité.

Je comprends que toute maladie a son origine dans la frustration émotionnelle. Comme je suis le produit de mes émotions, je suis donc inconsciemment responsable de la maladie.

Parcours du chemin

Je pars à la recherche de mon guérisseur intérieur, convaincue que lui seul connaît la direction vers la guérison. Je dois lui faire confiance.

Je crois à l'autoguérison, à la capacité de l'esprit de guérir le corps. À chaque instant, plusieurs millions de cellules naissent en moi, dans un processus de vie sans cesse renouvelé. J'ai donc le pouvoir de me régénérer sans cesse! Ce pouvoir, c'est cette partie divine qui est en moi, qu'on appelle «Esprit infini», «Amour divin», «Puissance supérieure», «Intelligence infinie» ou «Dieu» selon ses croyances.

Je demande: «Esprit infini, guide-moi, fais-moi savoir s'il y a quelque chose que je dois faire pour obtenir ma guérison.» Je sais que la réponse me viendra par intuition. Je dois être attentive et confiante.

Un jour, me sentant triste et découragée, je prends mes pinceaux pour peindre. Je suis si absorbée dans cette activité que j'en perds la notion du temps. Occupée à rendre la lumière sur ma toile, j'entends soudain une voix intérieure: «Gigi, tu as tout ce qu'il faut pour te guérir, aie confiance en toi et agis.»

Stupéfaite, je me demande: «Qu'est-ce que je peux faire?» La réponse me vient subitement: je dois apprendre à croire en moi-même, faire confiance à mes forces, à mes perceptions, à mes interprétations, à mes émotions et à mes désirs pour me donner du pouvoir pour combattre la maladie et décider de m'en sortir.

Propulsion vers la lumière

J'ai beaucoup d'outils en main, il suffit de les utiliser; c'est à moi de jouer. J'ai un potentiel de connaissances important et en tant qu'hypnothérapeute, je peux aussi faire quelque chose pour moi. Je ne laisse rien au hasard; j'élabore un programme. Je suis parfois impatiente, cherchant la facilité. Je décide alors de suivre mon programme à la lettre, sans y déroger une seule journée, et ce pendant trois mois.

La première étape vers la guérison consiste à me libérer du poison de la peur. La deuxième étape consiste à prendre conscience que la maladie est le résultat de mes pensées ou de sentiments nocifs qui cessent d'agir dès que je m'en libère. La troisième étape consiste à fortifier le pouvoir de guérison miraculeux et divin qui est en moi en priant avec ferveur, avec foi. Ma peur est une énergie mal dirigée qui doit être transformée en foi.

Ma vie reflète mes pensées, je deviens ce que je pense, que mes pensées soient positives ou négatives. Par conséquent, j'ai tout intérêt à entretenir des pensées qui me feront réagir positivement.

Au-delà de la pensée positive, il existe toutefois un principe vital, la foi. Par analogie, la pensée représente le corps de la fusée, mais la foi est le carburant qui la propulse jusqu'aux étoiles. La foi est un pouvoir tandis que les doutes entravent l'énergie. Quand je doute, je perds la tranquillité d'esprit. Croire aveuglément n'est pas une chose facile. Ma foi, c'est ce que je crois dans les profondeurs de mon être. Pour impressionner mon subconscient, une foi active est essentielle.

La guérison survient quand je lâche prise sur le passé; j'accepte le présent, je m'ouvre au futur et je fais confiance à mon intuition. Je dois m'abandonner; pour ce faire il faut une très grande confiance, passer de l'esprit rationnel à l'intuition. Le passé et l'avenir sont des voleurs de temps, je dois oublier le passé, avoir confiance en l'avenir et vivre pleinement le moment présent.

J'ai un programme chargé: autohypnose, visualisation, méditation, exercices physiques, alimentation équilibrée et marche au grand air. Je ne néglige rien. Le temps que je mets à suivre mon plan de santé, c'est du temps de moins pour la maladie. Je change le négatif en positif. Je m'accorde, en priorité, ce temps à moi seule. Jusqu'à maintenant, j'ai toujours pensé aux autres avant moi; j'ai toujours nié mes besoins, jouant le rôle de soutien pour les autres.

Il me faut lutter farouchement pour retrouver la santé et la sérénité d'esprit. Mon premier pas vers la sérénité intérieure, c'est la décision de donner de l'amour et non d'attendre qu'on m'en donne. Quand je choisis d'aimer, l'énergie se répand dans mon corps et le guérit. L'énergie est amour et puissance. Je dois commencer par m'aimer moi-même. Le manque d'amour de soi affecte mon organisme, c'est sûr.

Je prends soin de moi en modifiant mon alimentation. Je réduis ma consommation de gras et de viande rouge. Je mange davantage de fruits, de légumes et de céréales complètes, qui contiennent les cinq éléments connus pour se protéger du cancer: bêta-carotène, vitamine C, vitamine E, sélium et fibres alimentaires. J'élimine de mon alimentation les fritures, les aliments conservés dans le sel ou grillés au charbon ainsi que ceux qui contiennent des additifs artificiels ou des agents de conservation, comme la charcuterie. Je supprime autant que possible le sel et tous les excitants: café, thé et boissons alcoolisées.

Tous les soirs, avant de m'endormir, je pratique l'autohypnose, qui consiste à ralentir l'activité du cerveau, à dégager le corps et l'esprit de toutes stimulations externes. Ayant de la difficulté à entrer en transe par moi-même à cause de mes préoccupations, je me prépare donc, sur cassette, un programme à cet effet. J'y incorpore la technique de visualisation qui canalise mon énergie mentale vers le résultat désiré: «la guérison».

Je me vois déjà guérie. Je suis au bord de la mer, la plage m'est familière. Je suis seule, je vois mon corps nu bruni par le soleil. Mes yeux enregistrent la couleur du ciel, de la mer, du sable. C'est un lieu de rêve, je me sens bien. Je marche librement, mes pieds s'enfoncent dans le sable chaud, les vagues viennent s'y briser. J'entends le chant des oiseaux et de la mer. Une douce brise caresse ma peau. Je vois mon corps inondé de lumière, mon visage souriant et calme. Mes yeux sont pleins de vie, pétillants de joie. Je marche, je cours, en harmonie avec l'univers. Je suis remplie d'énergie, amoureuse de la vie. L'eau dont je m'asperge me purifie; ma peau brille et mon énergie intérieure me fait resplendir de bonheur. Je suis heureuse d'être guérie.

Je me laisse imprégner par ces images comme si elles étaient réelles. Je fais semblant d'y croire afin d'impressionner mon subconscient et d'en arriver à les percevoir vraiment; c'est à ce moment que tout s'accomplit.

Je consacre du temps à faire de l'exercice physique qui me permet d'être à l'écoute de mon corps et de ses besoins en oubliant mes préoccupations.

Confrontée au défi d'une maladie qui peut mettre ma vie en danger, j'ai du mal à envisager la réalité de ma guérison. Je passe du désespoir à l'espoir, de la peur à la confiance, de la colère à la vulnérabilité.

J'essaie de conserver un bon moral en cherchant à découvrir le bon côté de chaque événement. Je développe et j'acquiers une attitude positive devant la vie en m'exerçant à découvrir tout ce qu'il y a de bon en chaque individu que je côtoie, en chaque chose et en chaque événement. Je choisis de vivre sereinement, dans l'harmonie intérieure qui constitue le plus grand de tous les remèdes.

Sortie de l'enfer

Cinq mois se sont écoulés. Tout le travail que j'ai fait sur moi-même donne un nouveau sens à ma vie. Mon intuition me dit que je suis guérie. Je me sens très bien. Toutes les souffrances sont loin derrière moi.

Les jours passent; le doute fait surface. «Mais comment être certaine que je suis guérie?» J'éloigne de moi cette pensée en me rassurant: «Si le cancer avait continué son évolution, je ne serais pas en aussi bonne forme.» Après quelque temps, le doute surgit à nouveau. «Peut-être ai-je pris ma maladie trop à la légère?» Plus les jours passent, plus le doute s'installe dans mon esprit.

Je ne veux plus vivre dans l'ignorance. Je rencontre donc un nouveau chirurgien pour lui demander de procéder à une biopsie qui confirmera ma guérison. Je lui dis:

— On devait m'enlever un sein il y a six mois. J'ai pris tout ce temps pour ma décision. Je sens que je suis guérie, mais je veux en avoir la certitude. Sinon, je vous autorise à enlever mon sein.

— Je suis d'accord.

Avril 1992. Dans la salle d'opération, j'observe en silence. L'anesthésiste, les infirmiers et les infirmières s'affairent à me préparer à la chirurgie. Ils sont tous vêtus de la même façon, d'un tissu de couleur vert tendre qui couvre tout leur corps, d'un bonnet qui descend sur le front jusqu'en bas des sourcils et d'un masque qui cache l'autre partie du visage, ne laissant que les yeux découverts. J'essaie de reconnaître, parmi ces paires d'yeux, ceux de mon chirurgien. L'anesthésiste me parle en installant l'aiguille dans mon bras droit. Je vois entrer encore deux yeux dans un corps tout vert; il me salue, c'est mon chirurgien, je le reconnais par sa voix. Voilà que l'anesthésiste injecte les barbituriques par intraveineuse. Je lève les yeux. Sur le mur, devant moi, est suspendu un crucifix. Déjà, ma vue s'embrouille, les voix s'éloignent, je me sens partir et j'ai peur. Intérieurement, je dis: «Mon Dieu, que ta volonté soit faite.»

À mon réveil, mon premier geste est de poser la main sur mon sein gauche pour vérifier ce qu'il en reste. Est-ce qu'on m'a fait une mastectomie totale? Je sens sous les pansements une petite forme; un doute traverse mon esprit, ce ne sont peut-être que des pansements. Je compare avec l'autre sein et je reste angoissée jusqu'à l'arrivée de mon chirurgien. Il m'annonce qu'il n'a enlevé qu'une partie du muscle et de la glande mammaire. Nous avions convenu auparavant que s'il voyait à l'œil nu des cellules cancéreuses, il m'enlevait le sein. Dans le cas contraire, il ne prélevait qu'une partie des tissus où se trouvait la tumeur afin de les faire analyser. Il me reste à attendre les résultats des analyses. Une lueur d'espoir me réchauffe le cœur; j'ai maintenant la certitude que je suis guérie. Mais je devrai attendre le résultat des tests pendant presque un mois, jusqu'au retour de vacances de mon chirurgien.

Plus les jours passent, plus je deviens confiante. Je ne m'inquiète plus. Trois semaines plus tard, assise dans le bureau du chirurgien, le cœur battant, j'attends le verdict qui changera ma vie, qu'il soit positif ou négatif. J'essaie de lire sur son visage; il est très sérieux. Il m'annonce qu'il n'y a plus aucune trace de cancer sur la partie analysée, ce qui m'indique que je suis guérie. Je suis folle de joie. Quand je sors de son bureau, j'ai l'impression d'avoir des ailes. J'ai envie de crier à toutes les personnes que je rencontre: «Je suis guérie» mais je me contente de leur sourire. Je dois être rayonnante, puisqu'on se retourne sur mon passage.

Oui, je suis sortie de l'enfer de la maladie qu'est le cancer. Je suis passée à travers, tout comme un avion doit passer dans l'œil du cyclone pour ne pas être anéanti. La guérison fait de moi une nouvelle personne. Je suis transformée.

Voilà mon attitude combative face à la maladie. J'ai été guidée par une connaissance intuitive pour m'autoguérir. Même si j'ai souvent marché à tâtons dans l'obscurité, cette démarche et les outils utilisés ne pouvaient provenir que de mon être profond.

Ce que je souhaite le plus au monde, c'est que mes expériences, mes prises de conscience, mes réflexions et les moyens que j'ai pris pour m'en sortir soient un guide, une inspiration vers les chemins de l'autoguérison. Il n'y a pas de recette miracle, il n'y a que nous, avec nos propres outils, au rendez-vous avec nous-mêmes. Espoir et combat pour la survie.

Rose Mary Gadler

Quelle heure est-il?

27 octobre 1991

Quelle heure est-il? Merde! Je n'ose même pas regarder ma montre. L'attente. L'attente est oppressante!

Des murs nus entourent quelques chaises de bois dur. Je suis la reine de mon petit coin de salle d'attente. Je règne sur mon trône non capitonné, tentant de trouver une posture le moindrement confortable... pendant que le «point noir» sous ma peau me tiraille la chair.

Quelle heure est-il? Hé! Cet homme n'est arrivé que depuis quinze minutes et on l'appelle avant moi! Au poste des infirmières, on me dit que l'on comprend mon impatience, mais qu'on ne peut rien faire pour moi, le chirurgien ayant été appelé d'urgence. Je retourne m'asseoir. Il est maintenant quatorze heures trente. J'ai dû perdre du poids; je n'ai rien mangé depuis sept heures trente. La faim me donne des crampes d'estomac. Je me sens de plus en plus fébrile. Lorsque tout ceci sera terminé et qu'ils m'auront assuré que tout est «correct», je retournerai à la maison, me verserai un grand verre d'alcool que je boirai en fumant quelques cigarettes. Et au diable la nourriture!

Quelle heure est-il? À pas de tortue, quinze heures se transforme en quinze heures quinze. Je regarde le temps passer pour me distraire: quinze heures quinze rampe lentement vers quinze heures trente. Un jeune médecin aux cheveux longs et habillé de vert m'appelle enfin.

— Maintenant, voyons le problème.

— Problème? Il n'y a pas de problème, il ne s'agit que d'un point noir sous la peau. C'est du moins ce qu'on m'a dit auparavant. Peut-être avez-vous un abrasif de force industrielle ou de la pierre ponce aromatisée à la réglisse à me suggérer? Je vais suivre vos recommandations à la lettre en attendant que la mère de tous les points noirs aboutisse.

Entre à ce moment un autre médecin plus âgé et qui semble plus expérimenté. Il vérifie, palpe, mesure et évalue la situation. Il demande ensuite à son collègue plus jeune ce qu'il en pense.

— Tumeur maligne...

Ma-li-gne. Maligne. Un flash rapide me crache une information logée dans mon cerveau: maligne = *cancer*. Ah! oui, cancer! J'ai déjà entendu ce mot. J'ai vu ce mal terrasser ma mère et la réduire à une masse informe de chairs souffrantes... Tous les pores de sa peau exsudaient le cancer. Cancer = douleur = souffrances = encore plus de douleurs = mort! Dans un hôpital sombre et silencieux, elle est morte. Loin de son foyer et des siens. Toute seule.

Ma tante m'a toujours dit, m'a juré, que maman est venue leur dire adieu à elle et à mon jeune frère endormi près d'elle. Et le téléphone a sonné à cinq heures, un matin gris d'octobre. Mes frères, mon père, tous, nous savions avant de répondre ce qui venait d'arriver...

Je n'ai jamais pu lui faire mes adieux. Je venais tout juste de lui acheter un peignoir vert pour qu'elle soit jolie sur son lit de souffrances. Je l'avais choisi vert parce que c'est la couleur de l'espérance, de la renaissance de la végétation, de la vie qui recommence... Et maintenant, elle est partie. Oui, j'ai déjà entendu le mot «cancer»!

— Comment pouvez-vous me dire «ça» juste à regarder «ça»?

Maintenant, le point noir avait un autre nom. Toutefois, mes pensées avaient du mal à focaliser sur le mot «cancer». «Ça» était un mot plus facile à assimiler.

— Comment pouvez-vous affirmer que c'est malin, juste à regarder «ça»?

Ma-lin... Le «ça» me frappait brusquement. J'ai le cancer, *j'ai le cancer*. Moi, moi, pas ma mère, *moi!*

Le plus âgé des médecins m'a répondu:

— Quand vous avez vu un éléphant une fois, vous savez pour toujours à quoi cela ressemble.

Bon, je viens juste d'apprendre que j'ai le cancer et voilà qu'on me compare à un éléphant. Venez voir, tous et chacun, Rose Mary l'incroyable femme-éléphant. Peut-être pourront-ils aussi faire un film sur le mal qui m'afflige?

Chi-mi-o-thé-ra-pie. Je me souviens de ce mot. Chimiothérapie... Maman qui s'arrache les entrailles dans la salle de bain. Quelquefois dans le corridor. Pliée en deux, hurlant de douleur, hurlant pour qu'on nettoie le seau près de son lit, quand elle n'a plus été capable de marcher. Toute sa dignité et le peu de nourriture qu'elle pouvait avaler, rejetés à l'égout en même temps que sa vie... Les cheveux qui restent dans les mains par poignées. Elle en pleurait. De sombres cernes sous les yeux descendant jusqu'aux narines. Courbée en deux, agrippant son ventre, vacillant sur de pauvres jambes décharnées. Oui, je me souviens aussi de ce mot.

Ra-di-a-tion. Je connais également ce mot. Maman me disait que c'était exactement comme si ses entrailles étaient en feu. Des rayons volatiles qui s'attaquaient à ses cellules, à ses fistules et à son sang.

— Je vais perdre ma longue chevelure brune? Je vais ressembler à un squelette vivant?

Le médecin répond «oui» à la première question et «pas nécessairement» à la seconde.

Six mois, au moins, sans travailler! Le travail... mon gagne-pain, mes amis...

Vingt minutes plus tard, je me retrouve dans la rue. Je ne sais pas où aller. Au travail? À la maison? Le seul endroit qui me convient est peut-être l'aile des cancéreux, cet endroit sombre et lugubre où les gens vont mourir...

Je m'immobilise, perdue dans le temps. Tout autour de moi, des autos, des gens et le ciel d'octobre qui change rapidement. Dans mon petit carré de béton urbain, tout s'est arrêté dans un bruit strident.

Je trouve un taxi pour revenir à la maison et je pleure durant tout le trajet. Le chauffeur m'offre ses plus sincères sympathies! Hé! Je ne suis pas encore morte!

30 octobre 1991

Je suis même encore vivante trois jours plus tard! Autour de la table, devant mon sushi préféré, la famille prend connaissance de la situation. J'ai coupé mes cheveux courts, anticipant le jour où ils disparaîtront. Mon frère me presse d'aller demander une deuxième opinion médicale. Je ne veux pas exposer mon sein à un autre examen, ni voir le regard d'étonnement d'un autre médecin, ni entendre encore une fois: «Que vous est-il arrivé?» Mon frère affirme que le Jewish General Hospital a la meilleure clinique du cancer à Montréal. Comment pourrait-il le savoir?

Au Jewish, d'autres mains froides palpent mon sein enflé. Tout cela pour apprendre qu'il y a beaucoup de travail à faire.

Maman est morte dans ce même hôpital dix-huit ans plus tôt. Je décide de rester à l'Hôtel-Dieu. J'en profiterai pour améliorer mon français!

L'atmosphère est assez joviale. Nous taquinons mon frère Robert parce qu'il refuse de manger du poisson cru. Nous nous efforçons tous de garder une attitude décontractée et enjouée. Mais, en réalité, nous nous cachons derrière les plaisanteries et les sourires. Mes frères n'arrivent pas à comprendre comment une jeune femme vibrante de trente-neuf ans peut souffrir d'une maladie mortelle... Mais le cancer ne s'inquiète pas de la race, du statut social et de l'âge de ceux qu'il attaque... Maman est morte à l'âge «avancé» de quarante-huit ans!

Novembre 1991

Au lit, durant mes premiers jours avec le cancer, je sens mon corps qui se balance comme s'il flottait sur une vague gonflée, me transportant dans un mouvement de va-et-vient jusqu'au rivage. Ce mouvement me berce doucement et m'endort. Lundi, j'irai à l'hôpital passer de nouveaux tests afin de vérifier si le cancer s'est propagé...

Le lundi, j'attends l'appel de l'hôpital dans la fébrilité. Ma valise est prête et j'ai sorti les ordures. Je suis assise à côté du téléphone. Je n'ose pas m'éloigner de peur de rater l'appel. Ma vie, ce lundi, se résume à une seule chose: l'appel de l'hôpital. Le lundi passe. Le mardi aussi. Ce n'est que le mercredi soir que le médecin me téléphone enfin:

— Présentez-vous demain matin à huit heures.

Le retard ne dépend pas nécessairement de l'hôpital, car mon téléphone a été occupé sans arrêt par les amis et les parents qui voulaient avoir des nouvelles. Je ne peux pas leur donner beaucoup de détails: j'ai le cancer et je dois passer d'autres tests. C'est tout ce que je peux leur dire, entre deux crises de larmes.

Entre-temps, je nettoie la maison, range mes tiroirs et mes placards. Chaque fois que je subis un bouleversement émotionnel, je deviens madame Blancheville! Je continue à fumer en me disant: je m'en fous puisque j'ai déjà le cancer. Je ne sais pas encore à quel point c'est grave. Pour moi, c'est encore un «petit» cancer...

Les examens durent six jours. Tests sanguins, rayons X pulmonaires, scanographie des os. Je ne crains aucun de ces examens. Mais je redoute la mammographie. Mon sein gauche est dur et enflé: comment pourront-ils le presser suffisamment pour obtenir un cliché convenable? Comme je m'y attendais, le procédé est extrêmement douloureux. Les larmes me montent aux yeux. Même si je me tiens sur le bout des pieds afin d'atténuer la pression sur mon sein, rien n'y fait: le rebord de l'appareil pénètre douloureusement dans la plaie ouverte entre mes seins. Je pense à un documentaire sur la pollution aquatique que j'ai vu. On y montrait un poisson sorti de l'eau qui avait sur le flanc une plaie de la grandeur d'une pièce de un dollar. Le narrateur expliquait qu'il s'agissait d'une tumeur cancéreuse. Je ne savais pas qu'un poisson pouvait avoir le cancer... Ma plaie est tout à fait semblable à la sienne. Pourquoi n'ai-je pas fait attention aux indices durant les derniers mois? Non! Je ne vais pas succomber à la dépression en me tenant responsable de mon cancer. Après tout, j'ai immédiatement consulté mon gynécologue, il y a un an et demi, lorsque j'ai palpé un nodule de la grosseur d'un pois dans mon sein. Il m'a dit de ne pas m'inquiéter à ce sujet et qu'il ne laisserait personne toucher à mes beaux seins! C'était comme avoir un point noir sous la peau... Je n'avais jamais palpé de points noirs de la grosseur d'un pois, mais je lui ai fait confiance sans poser de questions.

J'ai grand besoin à présent de garder une attitude positive. C'est essentiel afin de lutter pour ma vie. J'ai su cela dès le début. Je ne veux pas mourir comme maman. C'était trop tard pour elle, mais maintenant les choses sont différentes. Son image d'incarnation de la douleur doit s'effacer de mon esprit. C'est *mon* cancer. C'est *mon* expérience avec la «mère» de toutes les peurs qui peuvent m'assaillir durant la nuit. Nous faisons tous des cauchemars; toutefois, le mien ne me quitte pas durant le jour. Moi et mon cancer marchons avec le chien pour la promenade quotidienne; nous mangeons du sushi; nous prenons quelques minutes pour lire toutes les cartes de prompt rétablissement reçues! Moi et cette vieille tumeur parlons au téléphone pour la centième fois de la journée. Tout ce que je veux, c'est que mon médecin me rappelle enfin. Mes amis me suggèrent de faire quelque chose de dramatique et de frappant pour attirer son attention. Oui... Comme si le fait de crier comme une flamboyante hystérique pouvait changer quelque chose! Il faut attendre. J'ai réalisé par la suite que les longues attentes allaient être mon lot durant les mois à venir. Moi et mon petit cancer attendant...

11 novembre 1991

«C'est dans vos poumons!» Moi et mon petit cancer... Il devient un gros, un vraiment gros cancer... Tout à coup j'ai l'impression que ma vie est finie. Satané cancer! Il est rendu dans mes poumons maintenant. J'appuie ma tête sur l'épaule du médecin pour qu'il me soutienne. Aussi bien mourir. Mes poumons. Maintenant que vous avez trouvé cela, pourriez-vous aussi vérifier l'excroissance que j'ai dans l'aine? J'ai oublié de la mentionner parce que j'étais aux prises avec tellement d'autres protubérances: sous l'aisselle, sur la clavicule. Il appelle un de ses collègues. Il palpe et fait signe que oui. Oui, à quoi? Je reste sans voix. Seule avec le chirurgien, je lui dis que je ne veux pas savoir combien de temps il me restait à vivre et je ne veux pas, non plus, que ma famille le sache. Il me répond qu'il ne le dira pas pour la bonne raison qu'il ne le sait pas. Je lui suis reconnaissante de ne pas jouer au bon Dieu avec moi. Je tiens à laisser le mot de la fin à mon destin et non aux manuels de statistiques médicales.

Il faut passer une scanographie. En traversant le corridor pour me rendre à la salle du scanner, je me sens comme une condamnée à mort marchant vers son exécution! Là, derrière cette porte fermée, se trouve la machine de mort. La préposée me dit que je dois attendre quatre heures. Elle est tout sourires; moi, je suis toute tristesse, accablée de pensées noires et morbides. Je ne peux plus attendre. Non, s'il vous plaît, jamais plus d'attente. Je viens tout juste d'apprendre les plus terrifiantes nouvelles de ma vie! J'en tremble dans mes culottes; je sens une douleur dans la poitrine quand je respire. S'il vous plaît, pas quatre heures encore, pas une minute de plus! Faites quelque chose! Compréhensive, elle me fait passer devant quelques patients. Je n'attendrai qu'une heure...

Combien de fois mon frère Yves et moi faisons-nous le tour de l'hôpital? Les phrases «tu dois lutter» et «tu ne peux pas abandonner maintenant» bourdonnent dans ma tête qui veut éclater. Je comprends alors que j'ai perdu la bataille avant même qu'elle ne soit commencée...

Les résultats compilés, on m'annonce le diagnostic: adéno-carcinome du sein gauche et métastases au poumon. De plus, plusieurs ganglions lymphatiques sont atteints! Traitement entre-pris: Adriamycin, Cyclophosphamide et 5 FU. La grosse et mena-çante machine. J'en ai pour un minimum de six à neuf mois. Mais mes organes abdominaux vitaux, mon cerveau et mes os ne sont pas affectés. Et maintenant, au combat!

Février 1992

Je remplis mon bain de bulles parfumées et je me laisse ber-cer par la voix douce enregistrée sur ma cassette de visualisation. Les chandelles sont allumées; mon chien et mon chat dorment. Je flotte, flotte dans le calme. Alors des éclairs lumineux cligno-tent derrière mes paupières closes. La voix murmure, apaisante et relaxante.

Je flotte sur l'eau bleue, nue, saine et sauve. Ma chevelure est très longue à nouveau et elle danse langoureusement au rythme des vaguelettes. Je suis étendue sur une plage de sable blanc, iso-lée. Sur ma peau je sens le soleil qui me réchauffe et me réconforte. Je laisse tous les pores de ma peau s'abreuver à sa lumière fluide et dorée. Je voyage à l'intérieur de mon corps et observe le fonc-tionnement de mes organes internes. Je vois la circulation du sang dans mes veines et entends les battements de mon cœur résonner dans leur cavité. La chaleur du soleil caresse chaque cel-lule de mon corps, les purifiant au passage comme les gouttes de pluie irriguent la feuille et la fleur après une averse estivale.

Je rencontrerai bientôt mes guerriers chimiques... Adria Mycin, la robuste amazone rousse... Cyclo et son rayon de la mort sur le front. Le robot 5-FU qui brandit une arme destructrice dans chacune de ses cinq mains... Nous nous concertons souvent sur le choix des stratégies et des missions destinées à débusquer et à détruire toutes les cellules cancéreuses. Bientôt, mon armée de globules blancs viendra se joindre à moi et au dynamique trio pour mener cette attaque à bien.

Mes premières scanographies devaient être envoyées à l'exté-rieur afin qu'on y repère les foyers cancéreux. Je veux que les médecins commencent par évaluer la situation des poumons. Lundi, je ne passerai qu'une radiographie des poumons, la première depuis le début du traitement, en novembre. J'ai tenté d'obtenir une scanographie pulmonaire; j'ai vraiment essayé avec ténacité mais sans succès. C'est à ce moment-là que ma petite voix intérieure m'a rassurée: «Il n'y a rien à tes poumons.» J'ai compris.

Je n'étais plus la même personne qui avait reçu un diagnostic de cancer à la fin d'octobre... Le 28 octobre. Ma mère était morte cette même date, dix-huit ans auparavant. Je n'avais pas à vivre dans l'ombre de sa souffrance et de sa triste vie. C'était *ma* vie et *ma* maladie. La voix qui me parlait était celle de la petite fille en moi qui n'était plus effrayée par les nuits noires. Je ne courais plus vers ma mère pour qu'elle me protège. En fait, quand m'avait-elle offert la sécurité pendant mon enfance? J'étais devenue mon propre protecteur maintenant et j'avais trouvé un havre paisible à l'abri des tempêtes de la vie. Je me prends dans mes bras, un geste dont ma mère ne m'a jamais gratifiée... Je me berce pour m'endormir en me chantant une berceuse puis je dors du sommeil des bébés...

Le lundi, je ne me sens ni nerveuse ni anxieuse. Je connais déjà les résultats des radios. L'enfant en moi me l'a prédit et c'est maintenant confirmé par mon médecin: mes poumons sont clairs.

Juillet 1992

Un soir que j'étais couchée chez ma tante dont la maison est haut perchée dans les Alpes italiennes, mes doigts ont effleuré accidentellement une protubérance. Je l'ai palpée en essayant de me convaincre que ce n'était que des tissus cicatrisés. Mais ce n'était pas cela. C'était plus dur, comme un morceau d'os. Ce dont j'étais sûre, c'est que ce n'était pas là la veille. Je me répétais qu'il ne fallait pas m'inquiéter. Je commençais à raisonner comme mon gynécologue, en 1989!

À mon retour à Montréal, je montre la nouvelle protubérance à mon oncologue. Une biopsie faite le jour même m'apprend avec certitude que cette nouvelle tumeur est maligne! Fameux! À peine revenue d'un merveilleux séjour de cinq semaines en Europe, je dois faire face à ça! Je pense à mon compte d'American Express que je devrai payer d'un jour à l'autre... Il me manque deux mille dollars. Il me faudra demander un prêt à papa. Le médecin ajoute qu'il serait indiqué de passer une échographie abdominale, car les tests sanguins montrent des taux élevés d'enzymes dans le foie. Oh! Quelle joie! Mon foie est-il atteint de cancer maintenant?

— C'est possible! Mais cela pourrait être une hépatite ou l'effet du nouveau produit de la chimiothérapie: le Méthatrexate...

Il semble presque convaincu que c'est cette dernière hypothèse qui est la bonne. Je ne suis plus sûre de rien. Il me prescrit une radiographie pulmonaire.

Je reviens à la maison et claque furieusement la porte sur ce monde cruel. J'allume cigarette sur cigarette pour les écraser aussi vite. Je bois deux bières, mais elles ont un goût amer. Je commence à arpenter le corridor. Pourquoi cela m'arrive-t-il? Je suis toujours traitée par chimiothérapie... Peut-être que le traitement n'est plus efficace? Merde! Si c'est le cas, je suis condamnée encore une fois. Et pourtant, j'allais si bien. Pourquoi? J'essaie de dormir, mais c'est impossible. Lorsque je m'endors enfin, ce n'est que pour me réveiller aussitôt en sursaut, toute tremblante. Ce cercle infernal continue toute la nuit: insomnie, court sommeil, tremblements. Comment dormir alors que le ciel vient de me tomber sur la tête encore une fois? Comment dormir quand la peur et l'anxiété m'enserrent dans leurs griffes glacées? Je ne veux plus dormir parce que je ne veux plus voir un autre jour se lever...

À six heures trente, je suis debout et habillée. Incapable d'avaler quoi que ce soit parce que j'ai l'estomac tout retourné, j'enfonce une casquette sur mes cheveux courts et hérissés et sors avec le chien en ce jour gris et pluvieux. Qu'est-ce qui va se passer si le cancer revient dans mes poumons?... Ou se répand dans mon foie?... Et quoi encore? Quoi encore? Damné cancer! Je suis tellement fatiguée de penser cancer, cancer, cancer, à chaque seconde de ma foutue vie! De retour de la promenade, je recommence à arpenter le corridor.

Dans l'auto de mon frère, je braille comme une enfant effrayée. Je ne veux pas aller à l'hôpital. De grâce, de grâce, emmène-moi ailleurs. Quelque part dans le futur où tout va mieux. Le futur, pour moi, c'est cette vieille bâtisse grise. L'hôpital qui apparaît dans le lointain...

Dans la petite cellule, je tiens la robe d'hôpital bien serrée autour de moi. Christina, ma future belle-sœur, pour qui j'ai beaucoup d'affection, tente de me consoler mais sans succès. Je suis perdue dans mes visions terrifiantes des horreurs à venir. Nous attendons qu'on m'appelle. Finalement, c'est mon tour. D'abord les poumons et ensuite l'ultrason. Je ne veux pas regarder l'écran, mais je ne peux résister. Tout ce que je vois, ce sont des secteurs blancs mêlés de secteurs noirs. La technicienne m'indique mon foie, ma rate, mes reins... L'examen terminé, je lui demande de ma plus petite voix:

— Est-ce que vous avez vu quelque chose d'anormal?

— Non.

Je m'apprête à sauter en bas de la table d'examen quand elle m'arrête et m'annonce que le médecin doit vérifier les résultats. Il me dit que tout est normal. Munie des résultats de ma radiographie et de mon échographie, je saute d'une joie délirante le long du corridor jusqu'au département d'oncologie. Je suis rassurée au sujet de l'abdomen, mais qu'en est-il des poumons? L'oncologue a d'autres bonnes nouvelles pour moi: mes poumons sont encore intacts. La famille se réunit pour un sushi. C'est une véritable célébration de la vie. Quelques jours plus tard, je danse jusqu'aux petites heures du matin au mariage de mon frère et de Christina. Une autre célébration de la vie... De *ma vie*.

Bien entendu, les médecins sont souvent en désaccord sur les conclusions à tirer au sujet des examens. Mon oncologue principal me dit qu'il ne croit pas à une récidive de mon cancer, mais qu'il s'agit plutôt de résidus de tissus cicatrisés mêlés à des cellules cancéreuses restées dans mon sein...

5 juin 1993

Je suis contrariée. Le météorologiste avait prédit du soleil et de la chaleur et, bien entendu, il fait un temps exécrable! La dernière fois qu'il a vu juste, c'est le 1er avril: quarante centimètres de neige. Ce jour-là, il a vraiment mis dans le mille! Environnement Canada prétend que le mauvais temps est dû à l'éruption du volcan *Pinatubo*, aux Philippines, il y a deux ans. Je n'avais pas encore le cancer, alors. Du moins, je ne savais pas encore que je l'avais... Mais je suis certaine d'une chose: le soleil brille et il fait chaud aujourd'hui, à Manille...

Oui, je me sens bien misérable. C'est permis. Il m'est permis de ressentir n'importe quoi. J'ai le cancer et c'est plus que suffisant pour se sentir misérable. Évidemment, il n'y a pas que la température qui me fasse broyer du noir. Je suis confinée au lit, à la maison, et j'ai froid, alors que j'aimerais me voir à l'extérieur, en train de jardiner.

Je suis toujours vivante. Je reçois encore des traitements de chimiothérapie et je me sens plutôt bien. Le médecin m'a même félicitée lors de ma dernière vérification: «Tu pètes le feu!» La dangereuse excroissance apparue entre mes seins l'été dernier s'est résorbée.

27 juillet 1993

Mon ami et moi sommes à Québec. J'aime cette ville qui baigne dans l'histoire et le charme du monde ancien et je suis ravie de laisser derrière moi mes responsabilités et mes doutes pour une fin de semaine sans souci au Château Frontenac. Grands dîners de gourmets, emplettes, manucure et bain turc sont au programme.

J'ai recommencé à avoir des menstruations il y a presque un mois. C'est étrange parce que je n'en avais pas eu du tout depuis le diagnostic... Cela m'inquiète, même si les résultats des tests ne montrent rien de sérieux pour l'instant. Voilà mes soucis et mes doutes du Montréal chaud et humide. Mon affliction m'accompagne au fil de l'eau. Ce n'est pas un doute accablant, mais plutôt une arrière-pensée irritante qui refait surface de temps en temps. Et si c'était le cancer à nouveau?... Mon oncologue m'a dit que j'étais très près de la rémission complète. Pourquoi recommencer à saigner maintenant? Assez de tracas! Je suis ici pour m'amuser et me gâter. Que la fête commence!

Chaque fois que je vais à la toilette, je vérifie si je saigne. Peut-être est-ce arrêté? Mais non. Il y a toujours des gouttelettes roses qui tachent mon sous-vêtement.

Ces derniers mois, tout allait si bien. Mes derniers rayons X pulmonaires de mars 1993 continuent de montrer des poumons clairs et je ne me suis jamais portée aussi bien. Mon programme de chimio est réduit à un niveau de maintien et je prends la médication à la maison. Je n'ai jamais eu de problèmes majeurs avec la chimio, même lorsque je prenais la très puissante Adriamycin. Elle agissait davantage en élixir qu'en toxique. Maintenant, je peux prendre les médicaments le matin et passer le reste de la journée à me promener dans la ville, profitant à cœur joie de l'été. Je visite encore mes médecins une fois par mois mais cela ressemble plus à des visites amicales.

J'ai établi une relation épatante avec mes oncologues, deux en particulier. Ils sont devenus mes favoris et je le leur ai dit. Le jour où j'ai commencé à saigner, j'en ai appelé un immédiatement. Il m'a dit que cela pouvait être causé par le Tamoxifène, un médicament contre le cancer du sein. Mais par précaution, on m'a donné un rendez-vous le jeudi de la même semaine avec un gynécologue. La cytologie faite, j'ai recommencé à attendre les résultats dans l'anxiété.

Je suis partie dans les Laurentides pour me reposer et me détendre pendant une semaine. Mais une fois arrivée, je me suis aperçue que je n'arrivais pas à me détendre. Ma tante ne cessait de me répéter que je me donnerais un cancer si je n'arrêtais pas de me faire du mauvais sang. Quelque chose me disait que les saignements étaient un bien mauvais signe. Au bout de trois jours, j'ai quitté Sainte-Agathe. J'avais besoin d'être à la maison, près de mon téléphone, au cas où l'on m'appellerait du bureau du médecin. Je ne savais pas alors qu'il faut compter presque un mois avant d'obtenir les résultats d'une cytologie. Merde! Comme j'ai déjà été traitée pour un cancer du sein, il me semblait logique qu'on accélère le processus. Mais j'ai dû attendre en ligne comme toutes les autres. Pas de traitement spécial pour les vétérans du cancer!

À Montréal, quand je suis descendue de l'autobus, le temps était lourd et collant. J'étais bien soulagée de ne plus avoir à porter de perruque... En fait, j'avais une repousse de dix centimètres que j'avais teinte en blond clair. À Rome, l'été précédent, il avait fait si chaud qu'un jour j'avais failli m'évanouir. Au moins, en cet été 1993, mon cuir chevelu pouvait respirer.

Arrivée à la maison, je me suis empressée d'écouter les messages sur mon répondeur. Aucun message du médecin. Quel soulagement bienvenu! Peut-être n'y a-t-il pas de mauvaises nouvelles à apprendre? Deux semaines plus tard, n'ayant toujours pas de résultats... je suis maintenant certaine d'être tirée d'embarras. Vingt et un jours plus tard, un vendredi, le téléphone sonne. Quand mon interlocutrice dit qu'elle appelle de l'hôpital, mon cœur se met à battre à tout rompre et un accès de peur froide reflue dans mes veines. Je dois m'asseoir. Christ! Elle ne m'a pas encore donné les résultats et je me sens mal... Quand elle m'annonce que le test indique «anormal», c'est encore pire. Anormal? Qu'est-ce qui est anormal, maudit? Juste au moment où les choses semblaient à nouveau normales, il faut que j'entende ce mot: anormal! Elle me rassure en me disant qu'il est parfois *normal* qu'une cytologie indique *anormal*. Je lui demande: «Est-ce que cela veut dire que c'est cancéreux?» Elle déclare qu'une cytologie ne peut déterminer cela et que d'autres tests sont requis. Satanés tests! Depuis deux ans, j'essaie de trouver un peu de temps pour vivre quelque part entre les tests. J'appelle mon oncologue encore une fois. J'ai besoin de plus d'informations. Je ne peux simplement pas accepter l'épithète «anormal» et répondre: «merci beaucoup» et passer une bonne fin de semaine! Il me rappelle en fin d'après-midi. Il a en main le rapport du pathologiste. Il indique: adénocarcinome! Eh oui! Ce bon vieux mot: adénocarcinome... encore! Le rapport annonce en plus que d'autres examens seront nécessaires afin de déterminer s'il s'agit d'une métastase de mon cancer du sein ou d'une espèce totalement nouvelle de cellules mortelles...

Je ne suis pas restée bouche bée comme à l'annonce du dernier diagnostic. J'ai crié à pleins poumons: «Docteur, vous devez faire quelque chose pour moi. Extirpez mes organes, coupez mes seins, mais de grâce gardez-moi en vie!»

Ce jour-là, j'ai bu pour oublier. J'ai téléphoné à mes amis et ma famille. Encore une fois, j'étais enragée. Et plus je continuais à boire, plus j'étais furieuse. Plus tard dans la soirée, trois de mes meilleurs amis sont venus à la maison pour boire avec moi. Nous avons commandé de la pizza, mais j'ai constaté que je n'avais pas d'appétit.

Ce soir-là, je me suis couchée ivre morte. L'alcool m'avait assommée complètement et j'en étais contente. Je n'avais plus à penser à l'adénocarcinome jusqu'au réveil à quatre heures, l'aube du buveur, obligée de faire face à une réalité beaucoup plus grave qu'une cuite!

De nombreuses pensées se bousculaient en moi ainsi que plusieurs questions restées sans réponse... Pourquoi maintenant? J'avais pourtant bien pris soin de moi: une saine alimentation, un bon moral, le sens de l'humour approprié... De plus, je méditais régulièrement et je faisais presque quotidiennement de la visualisation... J'écoutais de la musique nouvel âge. Est-ce que les cloches du temple tibétain ne sont pas suffisamment régénératrices, pour l'amour de Dieu?

Enfin, je partageais mon expérience sur le cancer avec d'autres personnes à titre de membre du comité exécutif de l'OMPAC. De plus, j'étais directrice d'un groupe local d'intervention pour des femmes aux prises avec le cancer du sein. Je commençais à renaître, toute à la joie d'une nouvelle vie, et maintenant cette rechute m'accablait. Il fallait encore affronter «ça». Une fois de plus. Mais comment?

30 août 1993

J'ai rêvé que la neige était tombée en juillet même si mon jardin était encore tout en fleurs. La neige recouvrait un endroit que j'essayais de dégager avec ma botte afin de voir l'herbe dessous... Je m'en vais à l'hôpital dans quelques jours...

Le parcours a été long et ardu depuis le jour où j'ai remarqué pour la première fois les signes évidents d'un problème. C'était quand déjà? Le 27 juin dernier. Après avoir reçu les résultats positifs de la cytologie, j'ai dû subir une dilatation et un curetage. Mes médecins ne savaient pas si ce nouveau cancer avait commencé dans les ovaires ou l'utérus. Finalement, ils m'ont annoncé que je devais subir une hystérectomie radicale.

2 septembre 1993

Je devais être opérée aujourd'hui, mais ce ne sera pas avant mercredi prochain! J'ai tellement faim. Ils m'ont prescrit une diète sévère. Je déteste ce chirurgien. Il aurait pu me prévenir qu'il allait me faire passer tous ces examens des plus répugnants! L'infirmière vient juste de me faire une prise de sang pour remplir une douzaine de fioles (du moins, c'est ce qu'il m'a semblé).

J'espère qu'après le lavement baryté, ce sera tout pour aujourd'hui! Mais «ils» arrivent souvent à l'improviste pour m'annoncer de nouveaux examens.

Il faut absolument que je mange. Quoi, un autre laxatif! C'est sûr qu'avec toute la merde qu'ils m'ont donnée à boire, quatre litres entiers, il ne doit plus rester grand-chose dans mes intestins. Je me sens comme si un char d'assaut m'était passé sur le corps. J'ai mal dans tous les os et la tête me tourne. Mon estomac a été siphonné de tous les délicieux repas que j'ai mangés cette semaine et il réclame d'être nourri même si c'est avec de l'horrible nourriture d'hôpital.

Ils sont venus me chercher vers neuf heures pour le lavement baryté. Tout cela ressemble à un cirque dont je serais la vedette. Je dois me contorsionner dans des positions embarrassantes avec un tube de plastique de huit centimètres... sortant de l'anus! Pendant ce temps, le radiologue prend des photos de ma performance et des spectateurs regardent derrière une cloison vitrée en poussant sur des boutons. «C'est beau.» C'est tout ce qu'il a dit... Pas «excellent» ou «bravo! quelle performance!». Je l'aurais pourtant bien mérité.

Enfin, on m'apporte à déjeuner mais mon chirurgien de malheur entre et me coupe net l'appétit! Ce type m'est tellement antipathique que je ne peux plus manger.

Il me permet de sortir de l'hôpital jusqu'à dimanche soir.

4 septembre 1993

Aujourd'hui, j'ai fait un jardin secret pour ma maison de poupée. Agnès, mon amie et voisine, l'appelle mon jardin d'automne. J'ai peur la plupart du temps. Je voudrais devenir suffisamment petite pour pouvoir m'évader dans mon jardin miniature où la peur ne me trouverait pas. Mais elle me rejoint toujours où que j'aille.

Une partie de moi sera amputée mercredi. Ce doit être fait. J'espère seulement que je ne m'en irai pas en même temps! J'ai peur qu'une fois le ventre ouvert ils découvrent de nouveaux cancers. Même si les examens affirment que je n'ai qu'un cancer limité à l'endomètre et un kyste bénin à un ovaire, ils ne pourront pas en être certains à cent pour cent avant de m'opérer.

Je sens que le kyste grossit. Il n'était pas là en juillet. À tout le moins, le gynécologue n'avait rien trouvé. La croissance de ce kyste est hors contrôle... Et maman qui est morte du cancer des ovaires! Voilà encore que ma mère revient me hanter, juste comme je pensais que ceci était une affaire bien à moi. Mais peut-être le kyste est-il bénin après tout. Sûrement que le radiologue expérimenté qui m'a dit qu'il était bénin savait ce qu'il disait. Il l'aurait su si ce n'était pas le cas. Je dois continuer à croire que c'est un cancer de l'endomètre facile à traiter, autrement je vais devenir folle!

8 septembre 1993

On vient de m'injecter un tranquillisant très puissant. Je vole haut... Réellement... Réellement très haut... «Oh!» Ma civière est alignée dans le corridor en attendant qu'on m'amène dans la salle d'opération. J'adresse un sourire hébété et tout gelé au médecin déguisé en vert-mal-de-cœur. Je suis dans la salle d'opération maintenant. Voici que mon chirurgien favori fait son entrée! Pas le moindre petit «bonjour» ou «au revoir» avant de m'expédier dans le pays des songes. Ils fixent des choses sur ma poitrine...

Mes paupières battent. J'ouvre les yeux. Quelle heure est-il? Mes paupières battent et j'ouvre les yeux à nouveau. Je vois une infirmière en même temps qu'une douleur vive me traverse l'abdomen. Mon frère John est ici, mais il est allé manger. Je voudrais le voir maintenant. Je me réveille et des spasmes violents me brûlent les entrailles. J'aperçois mon oncologue et lui dis que tout ceci, c'est de la merde. Il me demande si je le reconnais et je réponds: «Oui.»

Ils ont trouvé des cellules cancéreuses dans *mon* ovaire. Pas celui de maman. Merde! J'ai mon propre cancer ovarien. Maintenant, je peux dire que j'ai deux des cinq cancers qui tuent les femmes. C'est bien ma chance. Le médecin m'assure toutefois que l'opération a bien réussi. Le chirurgien m'a tout enlevé:

Adieu utérus.

Adieu ovaires.

Adieu trompes de Fallope.

Adieu ganglions lymphatiques.

Adieu tablier de gras sur mon ventre.

3 novembre 1993

La première neige de l'automne vient juste de fondre après les pluies glaciales qui ont fait tomber toutes les feuilles dont je remettais toujours le ratissage au lendemain. Je vais m'y consacrer aujourd'hui. Il y a aussi les meubles du jardin à ranger pour l'hiver. Je me sens plus forte; je crois que je peux les transporter. Huit semaines se sont écoulées depuis mon opération et une semaine depuis ma deuxième séance de chimiothérapie. Oui, je me sens plus forte. Je serais capable de faire ces choses mais je n'en ai pas envie. Eh bien tant pis! Je ne les ferai tout simplement pas. Je suis trop bien, au chaud, dans ma robe de nuit de finette, sous le duvet. Mes animaux sont endormis; tout est tranquille et paisible. Je devrais penser à préparer le dîner. Oui, mais pas tout de suite. Mon appétit est revenu depuis hier. Le duo de chimio (Cisplatine et Cyclophosphamide, vieux copain de combat) est un peu difficile à digérer. Aussi, je deviens plus facilement fatiguée ces jours-ci. Mais cela me donne une bonne excuse pour rester au lit toute la journée à lire, à écrire ou à regarder des programmes débiles à la télévision. Ce n'est pas si terrible. L'hiver sera bientôt là et quel meilleur moyen de passer le temps par ces après-midi enneigés que de rester sous les couvertures? Je n'ai pas à me geler à mort en allant prendre le métro qui me conduira au travail... Pas cette année encore...

Les médecins me disent qu'ils ne sauront probablement jamais si le cancer a commencé dans l'utérus ou les ovaires. Je ris jaune quand je pense qu'il est bien à moi, mon mystérieux cancer. Ils sont bien à moi et je sais quoi faire avec mes cancers. Je viens de l'école des coups durs et je suis une fougueuse combattante pour la vie. Je ne vais pas m'arrêter de vivre parce que le cancer est un intrus qui s'installe occasionnellement dans mon corps! De retour à la vie ordinaire, j'ai besoin de me reposer plus souvent, mais tout se rétablira avec le temps. J'en suis convaincue. J'ai le bon billet pour m'acheter du temps. Le temps... Quelle heure est-il? Ma philosophie de la vie est maintenant toute axée sur le temps... présent. Je pense à ce poème traduit du sanskrit:

Considère l'instant présent
Comme la source de la Vie,
La véritable source de toute Vie.
Dans sa courte durée
Existent toutes les réalités et les vérités de l'existence:
L'euphorie de tout ce qui croît,
La splendeur de tout ce qui respire,
La magnificence de pouvoir.

Parce qu'hier n'est qu'un rêve
Et demain une vision...
Mais aujourd'hui, bien vécu
Fait de tous les hiers, un rêve de bonheur
Et de tous les demains une vision d'espoir...

NDLR. Rose Mary est maintenant «hors du temps». Elle nous a quittés le 22 février 1995, une semaine après avoir été honorée, à Toronto, par la Woodlawn Arts Foundation. Elle avait servi d'inspiration à l'artiste Catherine Widgery pour cette exposition itinérante qui a jumelé des artistes à des femmes atteintes de cancer du sein afin de leur donner enfin une voix...

CŒUR D'ESPOIR

Cœur en détresse
Un appel S.O.S.
Du fond de la nuit
Noire comme la suie
Ton cœur cherche une main
Libérer tes chagrins
Un phare perçant le brouillard
Avant qu'il ne soit trop tard...

Par-delà le temps
Un ami t'attend
Ne perds pas l'espoir
Tu as tous les pouvoirs.

Le pouvoir de continuer
À te battre pour la vie
Pas te décourager
Car tout n'est pas fini
Tu verras que l'amour
Ensoleille les jours
Car tu le vois déjà
Tu as fait plus d'un grand pas.

Par-delà le temps
Un ami t'attend
Ne perds pas l'espoir
Tu as tous les pouvoirs.

Laisse partir la haine
Qui alourdit tes chaînes
Que ton cœur en détresse
Rencontre la tendresse
Afin que dans tes veines
L'amour s'écoule sans peine
Une main qui rassure
Et panse tes blessures.

Par-delà le temps
Un ami t'attend
Ne perds pas l'espoir
Tu as tous les pouvoirs.

Nicole Arseneault

Table

Ouvrages parus aux Éditions de l'Homme

Affaires et vie pratique

* **1001 prénoms, leur origine, leur signification,** Jeanne Grisé-Allard
  100 stratégies pour doubler vos ventes, Robert L. Riker
* **Acheter et vendre sa maison ou son condominium,** Lucille Brisebois
* **Acheter une franchise,** Pierre Levasseur
* **Les assemblées délibérantes,** Francine Girard
* **La bourse,** Mark C. Brown
* **Le chasse-insectes dans la maison,** Odile Michaud
* **Le chasse-insectes pour jardins,** Odile Michaud
* **Le chasse-taches,** Jack Cassimatis
* **Choix de carrières — Après le collégial professionnel,** Guy Milot
* **Choix de carrières — Après le secondaire V,** Guy Milot
* **Choix de carrières — Après l'université,** Guy Milot
* **Comment cultiver un jardin potager,** Jean-Claude Trait
  Comment rédiger son curriculum vitæ, Julie Brazeau
* **Comprendre le marketing,** Pierre Levasseur
  La couture de A à Z, Rita Simard
  Des pierres à faire rêver, Lucie Larose
* **Des souhaits à la carte,** Clément Fontaine
* **Devenir exportateur,** Pierre Levasseur
* **L'entretien de votre maison,** Consumer Reports Books
* **L'étiquette des affaires,** Elena Jankovic
* **Faire son testament,** Me Gérald Poirier et Martine Nadeau
* **Les finances,** Laurie H. Hutzler
* **Gérer ses ressources humaines,** Pierre Levasseur
  La graphologie, Claude Santoy
* **Le guide de l'auto 95,** J. Duval, D. Duquet et M. Lachapelle
* **Le guide des bars de Montréal 93,** Lili Gulliver
* **Guide des fleurs pour les jardins du Québec,** Benoit Prieur
* **Le guide des plantes d'intérieur,** Coen Gelein
* **Guide des plantes pour la maison,** Benoit Prieur
* **Guide du jardinage et de l'aménagement paysager au Québec,** Benoit Prieur
* **Le guide du vin 95,** Michel Phaneuf
* **Guide gourmand 1995 - les bons restaurants de Montréal,** Josée Blanchette
  Guide pratique des vins de France, Jacques Orhon
  Guide pratique des vins d'Italie, Jacques Orhon
* **J'aime les azalées,** Josée Deschênes
* **J'aime les bulbes d'été,** Sylvie Regimbal
  J'aime les cactées, Claude Lamarche
* **J'aime les conifères,** Jacques Lafrenière
* **J'aime les petits fruits rouges,** Victor Berti
  J'aime les rosiers, René Pronovost
* **J'aime les tomates,** Victor Berti
* **J'aime les violettes africaines,** Robert Davidson
  J'apprends l'anglais..., Gino Silicani et Jeanne Grisé-Allard
  Le jardin d'herbes, John Prenis
* **Lancer son entreprise,** Pierre Levasseur
* **Le leadership,** James J. Cribbin
* **La loi et vos droits,** Me Paul-Émile Marchand
* **Le meeting,** Gary Holland
* **Mieux comprendre sa vie de travail,** Claude Poirier et Nicole Gravel
* **Mon automobile,** Gouvernement du Québec et Collège Marie-Victorin
* **Nouveaux profils de carrière,** Claire Landry
  L'orthographe en un clin d'œil, Jacques Laurin
* **Ouvrir et gérer un commerce de détail,** C. D. Roberge et A. Charbonneau
* **Le patron,** Cheryl Reimold

Plein air, sports, loisirs

La guitare sans professeur, Roger Evans
* **Les Îles-de-la-Madeleine,** Mia et Klaus
* **J'apprends à nager,** Régent la Coursière
* **Le Jardin botanique,** Mia et Klaus
* **Je me débrouille à la chasse,** Gilles Richard
* **Je me débrouille à la pêche,** Serge Vincent
* **Jeux pour rire et s'amuser en société,** Claudette Contant
  Jouons au scrabble, Philippe Guérin
  Le karaté Koshiki, Collectif
  Le karaté Kyokushin, André Gilbert
  Le livre des patiences, Maria Bezanovska et Paul Kitchevats
* **Manon Rhéaume,** Chantal Gilbert
  Manuel de pilotage, Transport Canada
  Le manuel du monteur de mouches, Mike Dawes
  Le marathon pour tous, Pierre Anctil, Daniel Bégin et Patrick Montuoro
* **Mario Lemieux,** Lawrence Martin
  La médecine sportive, Dr Gabe Mirkin et Marshall Hoffman
* **La musculation pour tous,** Serge Laferrière
* **La nature en hiver,** Donald W. Stokes
* **Nos oiseaux en péril,** André Dion
* **Les papillons du Québec,** Christian Veilleux et Bernard Prévost
* **Partons en camping!,** Archie Satterfield et Eddie Bauer
* **Les passes au hockey,** Claude Chapleau, Pierre Frigon et Gaston Marcotte
  Le piano jazz sans professeur, Bob Kail
  Le piano sans professeur, Roger Evans
  La planche à voile, Gérald Maillefer
  La plongée sous-marine, Richard Charron
* **Les Québécois à Lillehammer,** Bernard Brault et Michel Marois
* **Racquetball,** Jean Corbeil
* **Racquetball plus,** Jean Corbeil
* **Rivières et lacs canotables du Québec,** Fédération québécoise du canot-camping
  S'améliorer au tennis, Richard Chevalier
* **Le saumon,** Jean-Paul Dubé
  Le saxophone sans professeur, John Robert Brown
* **Le scrabble,** Daniel Gallez
* **Les secrets du baseball,** Jacques Doucet et Claude Raymond
  Les secrets du blackjack, Yvan Courchesne
  La découverte de l'Amérique, Timothy Jacobson
  Le solfège sans professeur, Roger Evans
* **Sylvie Fréchette,** Lilianne Lacroix
  La technique du ski alpin, Stu Campbell et Max Lundberg
  Techniques du billard, Robert Pouliot
* **Le tennis,** Denis Roch
* **Le tissage,** Germaine Galerneau et Jeanne Grisé-Allard
  Tous les secrets du golf selon Arnold Palmer, Arnold Palmer
  La trompette sans professeur, Digby Fairweather
* **Les vacances en famille: comment s'en sortir vivant,** Erma Bombeck
  Le violon sans professeur, Max Jaffa
* **Le vitrail,** Claude Bettinger
  Voir plus clair aux échecs, Henri Tranquille et Louis Morin
  Le volley-ball, Fédération de volley-ball

Psychologie, vie affective, vie professionnelle, sexualité

  20 minutes de répit, Ernest Lawrence Rossi et David Nimmons
* **Adieu Québec,** André Bureau
  À dix kilos du bonheur, Danielle Bourque
  L'adultère est un péché qu'on pardonne, Bonnie Eaker Weil et Ruth Winter
* **Aider mon patron à m'aider,** Eugène Houde
  Aimer et se le dire, Jacques Salomé et Sylvie Galland
  À la découverte de mon corps — Guide pour les adolescentes, Lynda Madaras
  À la découverte de mon corps — Guide pour les adolescents, Lynda Madaras
  L'amour comme solution, Susan Jeffers
* **L'amour, de l'exigence à la préférence,** Lucien Auger

Vivre avec un cardiaque, Rhoda F. Levin
Vos enfants consomment-ils des drogues?, Steve Carper et Timothy Dimoff
Vouloir c'est pouvoir, Raymond Hull

Santé, beauté

Alzheimer — Le long crépuscule, Donna Cohen et Carl Eisdorfer
L'arthrite, Dr Michael Reed Gach
Bientôt maman, Penny Simkin, Janet Whalley et Ann Keppler
Le cancer du sein, Dr Carol Fabian et Andrea Warren
* **Comment arrêter de fumer pour de bon,** Kieron O'Connor, Robert Langlois et Yves Lamontagne
De belles jambes à tout âge, Dr Guylaine Lanctôt
Dormez comme un enfant, John Selby
Dos fort bon dos, David Imrie et Lu Barbuto
* **Être belle pour la vie,** Bronwen Meredith
* **Le guide complet des cheveux,** Philip Kingsley
L'hystérectomie, Suzanne Alix
L'impuissance, Dr Pierre Alarie et Dr Richard Villeneuve
Initiation au shiatsu, Yuki Rioux
* **Maigrir: la fin de l'obsession,** Susie Orbach
* **Le manuel Johnson & Johnson des premiers soins,** Dr Stephen Rosenberg
* **Les maux de tête chroniques,** Antonia Van Der Meer
Maux de tête et migraines, Dr Jacques P. Meloche et J. Dorion
Mince alors... finis les régimes!, Debra Waterhouse
* **Mini-massages,** Jack Hofer
Perdez du poids... pas le sourire, Dr Senninger
Perdre son ventre en 30 jours, Nancy Burstein
* **Principe de la technique respiratoire,** Julie Lefrançois
* **Programme XBX de l'aviation royale du Canada,** Collectif
Renforcez votre immunité, Bruno Comby
Le rhume des foins, Roger Newman Turner
Ronfleurs, réveillez-vous!, Jocelyne Delage et Jacques Piché
Savoir relaxer — Pour combattre le stress, Dr Edmund Jacobson
* **Soignez vos pieds,** Dr Glenn Copeland et Stan Solomon
Le supermassage minute, Gordon Inkeles
Vivre avec l'alcool, Louise Nadeau

_____

* Pour l'Amérique du Nord seulement. (950315)